浙江金融职业学院 2018 年"金苑文库"学术著作资助项目

我国农村民间金融监管与规范研究

黎贤强 著

浙江工商大学出版社 | 杭州
ZHEJIANG GONGSHANG UNIVERSITY PRESS

图书在版编目(CIP)数据

我国农村民间金融监管与规范研究 / 黎贤强著.
—杭州：浙江工商大学出版社，2019.5
ISBN 978-7-5178-3188-4

Ⅰ.①我… Ⅱ.①黎… Ⅲ.①农村金融－金融监管－
研究－中国 Ⅳ.①F832.35

中国版本图书馆CIP数据核字(201^)第 068334 号

我国农村民间金融监管与规范研究
WOGUO NONGCUN MINJIAN JINRONG JIANGUAN YU GUIFAN YANJIU

黎贤强 著

责任编辑　张　玲
封面设计　林朦朦
责任印制　包建辉
出版发行　浙江工商大学出版社
　　　　　　（杭州市教工路198号　邮政编码310012)
　　　　　　（E-mail:zjgsupress@163.com)
　　　　　　（网址:http://www.zjgsupress.com)
　　　　　　电话:0571-88904980,88831806(传真)
排　　版　杭州朝曦图文设计有限公司
印　　刷　杭州五象印务有限公司
开　　本　710mm×1000mm　1/16
印　　张　7.75
字　　数　148千
版 印 次　2019年5月第1版　2019年5月第1次印刷
书　　号　ISBN 978-7-5178-3188-4
定　　价　38.00元

目 录
CONTENTS

导　论

一、研究背景

农民和小微企业贷款难、贷款贵问题,引起了社会广泛的关注。2005 年 12 月 31 日,中共中央、国务院针对农村金融体系所存在的问题,提出要积极推进农村金融改革,增强为农村经济、金融服务的能力,解决农户和农村中小企业贷款抵押担保难问题。2015 年中央一号文件提出:要主动适应农村实际、农业特点、农民需求,不断深化农村金融改革创新,推动金融资源继续向"三农"倾斜。随着农村金融体系改革的逐步推进,农村金融体系逐渐完善,农村金融为"三农"服务的能力得到了很大的提升,涉农贷款也不断增加。但由于多种原因,我国目前的农村金融仍然存在着普遍的金融抑制现象,广大农村中小企业和农户由于缺乏合格的抵押担保物,从正规金融机构获得贷款支持的难度较大,民间金融仍然是他们的融资主渠道。据西南财经大学中国家庭金融调查与研究中心(2014)对国内 29 个省市区近 15000 户农村家庭的抽样调查,2013 年有 43.8% 的农村家庭拥有民间借贷,能获得正规金融机构贷款的家庭只占 14.1%;民间借贷占农村家庭总负债的比重为 64.6%,其中,东部地区平均为 64.7%,中部地区 71.5%,西部地区 57.4%(中国农业银行战略规划部等,2014)。

从 2003 年 9 月 21 日开始,我国逐步调高法定存款准备金率,2007 年和 2008 年更是频繁调高,到 2011 年 6 月 20 日,大型金融机构的法定存款准备金率是 21.50%,中小金融机构是 18.00%。虽然从 2014 年 4 月 25 日起农村商业银行和农村合作银行人民币存款准备金率分别下调了 2 和 0.5 个百分点,2014 年 6 月 16 日又对符合审慎经营要求且"三农"和小微企业贷款达到一定比例的商业银行下调存款准备金率 0.5 个百分点,但调整后的法定存款准备金率仍然处于 20% 的高位水平。随着法定存款准备金率的逐步调高,民间出现了"钱荒"现象,受信贷配给影响,农民和农村中小企业向正规金融机构寻求贷款变得更加艰难,只得纷纷转向民间借贷,这在促进民间借贷蓬勃发展的同时也带来了乱象。

在高利的诱惑下,农村民间金融呈现非理性繁荣状态,借贷规模日益增加,部分地区出现了"全民借贷"和高利贷化发展倾向。根据中国人民银行温州市中心支行 2011 年对民间借贷市场抽样调查显示,有 89% 的家庭参与民间借贷,参与借贷的个人或企业呈递增趋势,民间借贷一般月息为 3—6 分,有的则高达 1 角,甚至 1 角 5 分(李伊琳,2011)。另据中国人民银行娄底市中心支行公布的资料显示,到 2013 年底湖南娄底市民间借贷资金规模在 400 亿元左右,一个老板的自杀就引爆了上百亿元的借贷挤兑潮,参与借贷的 73 家公司出现问题,其中实体企业占 90%。① 高利蚕食着企业的利润,没有一家正当经营的企业可以承受如此之高的借贷利息,民间借贷乱象背后的隐患引起了广泛的关注。

非理性繁荣的农村民间借贷,在蚕食实体经济的同时,自身的风险也不断爆发,借贷案件和纠纷不断增多。2012 年全国法院受理民间借贷纠纷案件 747809 件,较 2011 年上升了 22.89%,涉案金额 2201 亿元(佟季,2014)。继浙江温州以后,陕西神木、江苏泗洪、内蒙古鄂尔多斯等地连续爆发民间借贷危机,后来又蔓延到河南、河北、山东、湖南、四川等地,民间借贷危机的爆发一般都伴随着非法集资案,如内蒙古鄂尔多斯的"昊达案"、湖南"曾成杰案"、哈尔滨"圣瑞公司案"等。线下的借贷危机不断爆发,线上的借贷平台风险也不断累积,2014 年一年,出问题的 P2P 平台就达 275 家。②

民间借贷危机正在由温州向全国蔓延,部分地区还向中小县城蔓延,线上线下的借贷都存在巨大的风险。学界和业界都认识到了民间金融发展中的非理性繁荣和潜在的严重风险,在民间金融的治理、监管和风险防范等方面进行了广泛的调查研究和分析,并提出了一些有效的建议和措施,但从总体上看,他们并没有对民间金融乱象的制度和文化原因进行深入分析,所提的建议和措施的系统性、协同性也不足,这正是本选题的出发点和研究目的。

二、研究目的与意义

(一)研究目的

民间借贷是有着悠久的历史并且是普遍存在的借贷形式,在发展中国家和发达国家都广泛存在,民间金融有其存在的制度合理性,民间金融能在一定程度上解

---

① 佚名《湖南娄底全民借贷 一老板自杀引爆百亿借贷挤兑潮》,http://www. hb. xinhuanet. com/2015-03/17/c_1114661207_2. htm。

② 徐斌《民间借贷危机全国蔓延》,http://www. 360doc. com/content/15/0318/10/3256622_456119526. shtml。

决农户和中小企业偶发性的融资需求,对农村经济的发展有一定的促进作用。但在现阶段的中国,农村民间金融却处于一种非理性繁荣的状态,民间融资规模急剧扩大,各种高利倾向的借贷形式不断出现。非理性发展状态的农村民间金融有着很大的负面影响和风险隐患,一方面,破坏社会的信用秩序,另一方面,通过货币和信用链条向社会传递风险,甚至会造成群体性事件,影响社会稳定。本研究的目的就是在总结农村民间金融内生性、共生性的基础上,分析其非理性发展的原因、风险和负面影响,并根据当前背景就法律监管和"疏导"等方面提供建议。

(二)研究意义

1.理论意义

本研究运用跨学科知识对农村民间金融问题进行研究。首先是运用金融抑制理论、金融资源理论、信息经济学理论、经济社会学理论,总结和分析农村民间金融在历史的长河中产生和发展的原因,特别是对现阶段农村民间金融内生于乡土社会、共生于农民及中小企业贷款难问题进行深入的分析。在此基础上,运用新制度经济学和行为经济学理论对目前农村民间金融非理性发展的原因、风险和负面影响进行分析。然后,运用金融深化理论、法经济学理论和金融监管理论,探索在农村民间金融监管中的政府定位、法律规制、监管体系和疏导路径。

2.现实意义

本研究在理论分析和实证分析的基础上,认为目前金融体系虽然多元化,但在金融资源配置缺乏效率和民众的投资非理性的条件下,农村民间金融仍将长期存在,特别是互联网金融的发展,如果不及时采取有效的措施进行疏导,民间金融的发展仍有可能是无序状态,其风险将不断累积,对社会经济的危害不容小视。因此,本研究结合现实,提出在农村民间金融非理性发展的背景下,要有效控制民间金融领域所存在的各种风险,不能采取简单的打压手段,而要通过规范和引导,促进农村民间金融理性、有序发展,并结合现阶段农村民间金融发展实际,提出监管和疏导的政策建议。

三、相关研究回顾与成果梳理

(一)主要观点和结论

1.关于民间金融的内涵

国外学者一般都将民间金融与"非正规金融"相等同,民间金融主要是指国家官方金融体系以外的金融组织的活动,如 Anders Isaksson(2002)、Heiko Schrader、世界银行(2003)等。

国内学者对民间金融的典型观点有注册登记论、所有制论、机构论、监管论、法律观等。注册登记论强调金融组织必须经过国家工商行政管理部门的注册登记，没有注册登记的金融活动和组织形式属于民间金融范畴（姜旭朝等，2004；高发，2006）；所有制论强调民间金融投资主体的"非国有"性质（李丹红，2000）；机构论认为除国家法定金融机构之外而进行的金融交易活动都属于民间金融（程蕾，2004；毛金明，2005；李有星等，2011）；监管论强调民间金融必须经过金融监管机构的批准纳入监管范围（左柏云，2001；高晋康，2008）；法律观强调民间金融必须经过法律或法规的认可，在法律范围内开展金融活动（张宇，2003）。

2. 关于民间金融的积极作用与负面影响

（1）民间金融的积极作用。民间金融能缓解中小企业融资难问题（姜子叶等，2002），能促进要素投入量的增加和资本效率的提高（崔慧霞，2005），弥补了农村正规金融信贷供给不足的缺陷，有利于缓解农村资本形成不足的问题，推动了农村经济增长，在既定的条件下提高了各参与者的福利，具有效率增进的性质（高艳，2007）。

（2）民间金融的负面影响。民间金融会使基础货币和货币乘数监测数据失实（王博含等，2006），影响对冲货币政策工具操作的效果（郭晨杉，2013），给民间借贷带来高度的资金风险，扰乱了正常金融秩序甚至影响了当地社会稳定（苏虎超，2011）。

3. 关于民间金融监管的原则和理念

（1）民间金融是社会经济发展的一种客观需要，不能采用单纯的打压手段。金融抑制造成了农村居民资金借贷行为的扭曲（何广文，1999），金融抑制是造成农民和农村中小企业的贷款难问题的重要原因，在得不到正规金融融资满足时，农村民间金融成为农户和农村中小企业的一种自发性融资手段（崔慧霞，2006），这种自发性手段即使在市场经济条件下，仍然是一种必然存在的金融现象（张友俊等，2002）。民间金融是不可或缺的市场要素，即使金融体系发展完善，民间金融也不可能因此消亡（丁俊峰，2005）。对农村民间金融不能采用单纯的打压手段（冯兴元，2008），如果采用"运动式的整治"也不可能消灭民间金融活动（江曙霞等，2004），农村民间金融作为一种非规范的金融行为将仍然广泛存在。

（2）民间金融宜疏不宜堵。农村民间金融内生于乡土社会，具有悠久的历史，在金融体系十分发达的今天，仍然作为一种补充的借贷形式或作为一种自发性融资手段，广泛存在于农户和农村中小企业的借贷活动中。这种借贷活动，在解决中小企业的融资难问题上发挥了积极的作用（姜子叶等，2002；庞英，2004）。在目前民间金融异化发展的背景下，对民间金融应该采取堵、疏相结合的方式（郭斌等，2002），疏就是从解决融资难、投资难问题入手，引导民间借贷和民间投资规范发展，堵就是要打击各种非法的民间金融活动，特别是要加大高利贷打击力度（中国人民银行广州分行课题组，2002）。在嵌入式监管理念的指引下，堵疏并举、厉行改革与从严执法并重，全面提升农村民间金融监管绩效（冯辉，2012）。

（3）民间金融要实施分类监管。民间金融外延十分广泛，采取一刀切的监管措施会存在各种问题，监管效果也不一定显著，而应根据民间金融活动类别实施分类监管。首先要界定非正规金融与非法金融，非法金融与违法金融是监管的重点（李立新，2013）；对于体现互助的民间借贷活动不必干预，但要鼓励其向契约化方向发展（蔡四平，2011）；对于"自组织"性质的非契约型的民间金融，不应过度干预，而应采用非审慎性的监管（王曙光，2007）；对于以营利为目的的商事民间金融行为，因其具有很强的外部性，应当引入国家干预进行有效监管（张运书等，2014）。P2P网络借贷平台在风险不断暴露，可以参照非银行性金融机构的监管方法予以重点监管（姚海放，2013）。政府可以考虑以分业监管为出发点，充分发挥银监会、证监会和中国人民银行等监管机构的作用，其中P2P网络借贷交由银监会监管（卢馨等，2015）。

4.民间金融的法律规制

（1）法律规制理念。民间金融的法律规制，要本着发挥民间借贷积极作用，控制区域性金融风险的原则，综合运用经济性和社会性规制的方法，优化民间借贷的法律规制（岳彩申，2013）。在法律责任的设计上，要弱化刑事责任，明确民事责任，积极发挥行政责任的作用（李有星等，2011）。

（2）民间金融法律规制的边界。明确民间金融法律规制的边界，对边界以内的民间金融予以规制（高晋康，2008）；民间金融规制的重点是取缔危害经济发展和安全的地下金融活动（谈萧等，2010）。

（3）民间金融立法。必须加快民间融资的相关立法进程，改革滞后的法律体系（安菁蔚等，2005）；"发现'人民的法律'"，法律应符合民间金融当事人的激励相容的机制安排（张建伟，2013）；民间借贷应采取统一立法的模式，在金融安全与金融效率并重、金融自由与国家适当管制结合和金融公平公正的理念下，从借贷主体准入制度、借贷运行制度、借贷监管制度和借贷主体退出制度四个方面构建其立法体系（赵莹等，2014）；通过建立起一套行之有效的民间金融法律制度，以充分发挥民间金融的积极作用，尽可能降低民间金融的负面效应（朱大旗等，2014）。

（4）非法金融与金融犯罪。非法集资概念与非法吸收公众存款、集资诈骗等概念相互混淆，产生了严重的逻辑缺陷（李有星等，2012）。非法集资的刑事认定宜聚焦于"扰乱金融秩序"的实质要件，设置专业审查程序严格把握，非法集资的刑民处分则应统合于衡平原则（林越坚，2013）。

5.民间金融的监测与监管

（1）民间金融的监管主体。缺乏科学有效的法律规制和监管体系是农村民间金融产生问题的重要原因(李有星等,2011);要重构民间金融的监管主体,形成一个统一立体的监管体系(张帆,2014);分清中央政府和地方政府对农村民间金融的监管权力和责任,建立有效的监管机制(张学峰,2015);改造地方金融办,增强其对地方金融的监管职能(刘少军,2012)。

(2)建立完备的民间金融监管措施。健全民间金融监管指标体系,按照属地监管原则,增强县域民间金融监管力量,明确监管重点(王运慧,2010);建立"双向多头"式的地方政府监管机构,加强金融监管,成立民间借贷登记服务机构等,严格从民间资金的来源和去向两个环节把关,落实相关法律法规和金融政策,促进民间借贷行为规范化(刘少华等,2013)。

(3)建立民间借贷的监测和登记制度。民间金融监测重点是借贷资金来源、借贷资金投向、利率水平等(毕德富,2005);对未观测金融活动总量和变动趋势做相对准确的监测和分析,及时采用合适的政策予以引导(李建军,2010);民间金融的监测要贴近市场实际,并建立有效的激励机制和监督机制(钟士取,2011),建立健全民间融资的登记备案制度(刘长雁,2012)。

(4)建立民间金融危机预警系统。金融风险的大小可根据一系列的经济和金融的指标来度量,据此建立一套金融风险监测、预警系统(宋海林等,2001);建立金融风险危害评估机制,建立民间金融风险处置预案(林秀琴等,2010);健全金融风险预警体系,增强地方政府处置民间金融风险的能力(刘湘勤等,2014)。

(二)对现有研究的简单评述

农村民间金融的研究文献十分广泛,研究视角除经济学研究外,还有社会学、经济社会学、法学、法经济学等,理论界和实务界都认识到对农村民间金融进行规范和监管的必要性,并从各个角度提出了观点。农村民间金融是民间自发的一种金融现象,宜疏不宜堵,必须从解决农村中小企业多却融资难、农村民间资金多却投资难的"两多两难"入手,解决好融资难、融资贵、投资难、投资非理性等问题,在此基础上,再加强农村民间金融的监管和规范,才能从根本上解决农村民间金融问题。以往的研究都是从各个角度来分析农村民间金融问题,也提出了一些解决问题的有效方法,但没有深入分析农村民间金融在现阶段出现非理性繁荣的原因,也没有对农村民间金融的监管体系、内容和方法进行科学完善的构建,相应的政策建议在系统性、协同性上存在一定的局限性。

四、研究内容

本研究共分七个部分进行论述:

第一,导论。主要介绍了本研究的背景、目的及选题意义,梳理了相关研究成果,对本研究的研究方法与技术路线、创新点与不足等做了介绍。

第二,概念与理论基础。首先,从农村民间金融的内涵、外延入手,对农村民间金融做了基本界定;然后,运用金融抑制理论、金融资源理论和信息不对称理论等理论,从理论上分析农村民间金融产生和发展的原因,接着从法经济学、金融深化理论和金融监管理论出发阐述民间金融监管和疏导的基本理论。

第三,农村民间金融的产生与发展。首先从历史的角度分析了农村民间金融的产生与发展的原因、一般演进规律,然后通过调查分析,揭示农村民间金融与农民、中小企业是一种共生性关系。

第四,农村民间金融的机制与脆弱性。在介绍农村民间金融利率种类的基础上,阐述农村民间金融的利率决定机制,然后分析农村民间金融的信任机制、履约机制和纠纷解决机制,结合转型期的社会信任危机,提出农村民间金融具有脆弱性和潜在风险。

第五,农村民间金融的非理性繁荣与风险。在对农村民间金融非理性繁荣、一般风险和典型分析的基础上,提出农村民间金融风险的传导、效应和对社会经济的负面影响。

第六,农村民间金融规范与疏导路径。在分析借鉴其他国家和地区成功经验的基础上,对政府的角色定位进行界定,提出对农村民间金融进行疏导的路径。

第七,农村民间金融法律规制与监管。首先提出农村民间金融法律规制的原则和内容,然后提出农村民间金融监管的原则、主体、内容和指标,监测和登记的主体和办法。

五、研究思路与方法

(一)研究思路

本研究基于目前农村民间金融的非理性发展状况而提出相应的对策与建议,因此,本研究从农村民间金融的内涵与外延入手。首先对农村民间金融进行界定,然后运用金融抑制理论、金融深化理论、金融约束理论和信息不对称理论对农村民间金融产生和发展的一般原因进行理论分析;然后从法经济学、金融深化理论和金融监管理论出发,阐述民间金融监管和疏导的基本理论。在理论研究的基础上,从历史的视角对农村民间金融的演进过程进行分析,总结其产生和发展的一般规律和原因,提出现阶段的农村民间金融仍然内生于乡土社会,共生于农民贷款难和中小企业贷款难的问题。接着,对农村民间金融的利率机制、信任机制和履约机制进行分析,总结其脆弱性和潜在的风险。在对非理性繁荣的现象和原因分析的基础上,揭示农村民间金融可能产生的风险和负面影响,提出加强对农村民间金融监管和疏导的必要性;针对农村民间金融的风险类型和风险效应,提出加强对农村民间金融监管和疏导已是十分迫切的现实需要。根据前面的分析,并借鉴其他国家和地区成功经验,提出农村民间金融疏导的路径、法律规制和监管的体系和方法（见图 0-1）。

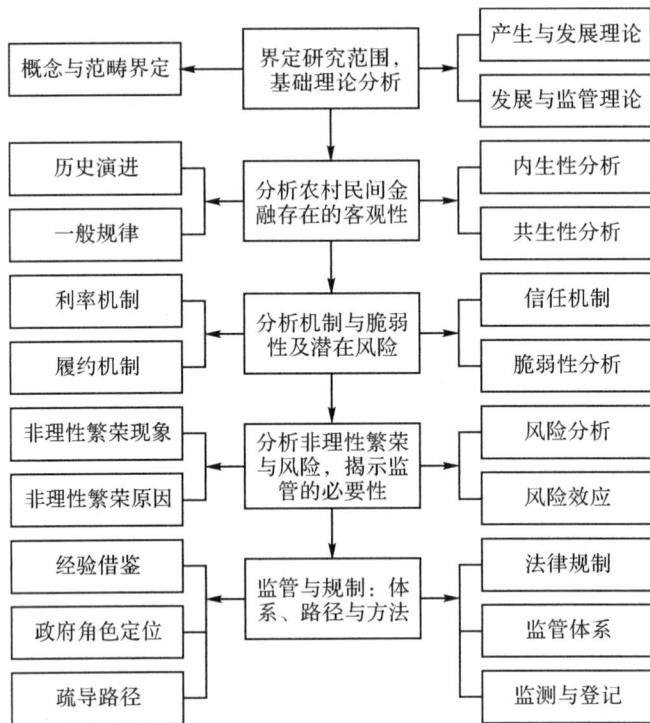

图 0-1　研究逻辑框图

(二)研究方法

一是历史研究方法。本文运用历史研究方法对农村民间金融的历史发展及一般规律进行梳理,总结其历史发展中的形式演变和政府管理变化。

二是比较研究方法。民间金融在发展中国家和发达国家都广泛存在,但其演进和发展却存在很大的差异,因此,本文对典型国家或地区的民间金融监管和规范进行比较,总结可以借鉴的经验。

三是规范研究方法。本文运用文献资料和多学科理论,对农村民间金融问题进行规范研究,完善农村民间金融的理论体系。

四是调查研究方法。本文在对农村民间金融共生性分析时,运用调查研究方法,揭示农村民间金融与农户、农村中小企业是一种共生共长关系。

六、创新与不足

(一)主要创新点

本研究力求在对相关资料进行理解和掌握的基础上,在尊重国内外学者已有研究的前提下,结合现阶段农村民间金融的发展特点,试图进行一些试探性的创新研究。

一是本研究以经济理论为基础,结合其他学科知识,进行了一定的跨学科研究。农村民间金融问题表面上看是一个金融问题,但从深层次进行分析,农村民间金融问题又不仅仅是一个金融问题,它还是我国经济体制和增长方式过渡时期的一种客观现象,应综合运用经济学、社会学、法学等理论知识进行研究。

二是本研究提出了解决农村民间金融问题的创新性思路。农村民间金融问题要以解决"两多两难"问题为抓手,只有融资难、投资难问题解决了,农村民间金融问题才能真正解决,因此,农村民间金融问题应该从整个金融体系改革入手,切实推进金融深化改革,推进小微企业融资服务体系建设,培育农村资本市场,引导农民理性投资。

三是提出农村民间金融监管体系。农村民间金融的监管,必须以法律规制为先导,明确监管主体,建立健全科学完善的监管与监测体系。

(二)不足之处

农村民间金融问题不仅仅是单纯的金融问题,而是我国在转型期所出现的多种问题的综合,因此,本研究试图采用跨学科的方法对农村民间金融问题进行研究。但由于理论水平的限制,跨学科研究仍然存在缺陷和不足,不能完全揭示农村民间金融非理性繁荣的原因。另外,由于民间金融大多处于地下和非规范状态,数据缺乏,本研究没有从计量研究上揭示民间金融与经济发展、金融发展的关系以及民间金融非理性繁荣对经济、金融及社会福祉的负面影响。这是本研究的不足,也是今后深化研究的方向。

第一章
概念与理论基础

第一节　农村民间金融的界定

一、农村民间金融的内涵

关于民间金融的内涵,国内外学者都没有达成统一的观点。民间金融内涵界定的混乱,既影响了对民间金融的理论研究,也不利于对其进行规制和监管。

农村民间金融界定的核心要把握住实质,而不是表象。就表象来说,农村民间金融活动的领域十分广泛,形式多样,规模不一,很难界定。如果从是不是"官办"、是不是"正规"、是不是经过注册登记等角度来界定民间金融,就会陷入最初研究的逻辑陷阱。

金融简单地讲是资金的融通,金融最初是由民间自发的借贷活动,在现代信用制度建立以后,才逐渐发展为现代的金融,因此,金融从本质上说是各种市场主体所进行的货币信用活动和行为。我国长期实行的计划经济和严格的金融管制,使人们在思考和判断金融问题时,不自觉地陷入思维惯性,所想到的金融机构都是"官办"的、国有的或集体的,而在国家金融正规体制以外的民间金融则是"灰色"的、"地下"的、"非正规"的,甚至是"非法"的。1993年,中央做出深化金融体制改革的决定,随着金融体制改革的逐渐深入,特别是2008年以后,农村金融市场开放度逐渐加大,农村金融服务体系已经逐渐多元化。随着互联网金融的发展,农村金融组织形式和活动更加多样,如果再以原来的思维和标准去界定民间金融已明显不合适。理论界和实务界都普遍认识到农村民间金融区别于非法集资等非法金融,本身就是一种"合法"的金融活动,并且,这种金融活动宜疏不宜堵。因此,基于农村民间金融发展历史和现阶段的形态和特点,农村民间金融的内涵界定应主要包括以下基本特征：

(1)农村民间金融是农村居民个人和中小企业自发进行的融资活动。农村民间金融最初产生的原因是个人或家庭之间由于资金余缺而产生的一个临时资金借贷需要。就现阶段来说，农村民间金融是个人或中小企业等各种民间借贷主体由于自身的融资需要而自发进行的一种借贷活动和金融行为。农村民间金融之所以得以自发产生，是因为个人或家庭、企业之间存在着广泛的资金余缺，而由于制度原因，金融产品供给不足，资金短缺方在得不到其他合适的融资渠道时，民间金融就成为一种很自然的选择。并且，民间金融由于内生于乡土社会，具有良好的信任机制、履约机制，机制优势也是民间金融历经历史变迁，仍然广泛存在的基本原因。

(2)农村民间金融的非正规性。非正规是指那些不能控制和理解的，亦即不规则的、不可预计的、不稳定的、甚至是看不见的东西(约翰·伊特韦尔等，1996)。就农村民间金融的产生和发展的来看，民间借贷具有非公开性、不规则性、不稳定性的特点，民间借贷既有组织形态完整或者相对完整的私人钱庄、典当行、基金会，也有小规模的、临时的松散组织的合会，更有广泛存在的私人借贷。农村民间金融形式多样，存在广泛，但发展不规则，金融管理当局不仅无法完全控制，甚至无法精确统计和监测。

(3)农村民间金融游离于国家监管之外。金融活动由于其外部性，必须对其采取较为严厉的监管手段，促使其规范发展和运行。但在我国农村民间金融的发展中，却由于其发展的不规则性，监管难度大，没有及时构建出完善的监管体系，各种农村民间金融游离于国家监管之外，处于野蛮生长和无序发展状态。

根据上述基本特征，我们将农村民间金融定义为：农村居民个人、农村中小企业之间借助农村民间资本自发进行或有组织进行的处于国家金融监管之外的金融组织、行为和活动的总称。

二、农村民间金融特征

1.农村民间金融是一种传统的金融活动

在我国，西周时代就出现了发生于宗族内部的无息借贷，战国中期出现了高利贷；典当业在南北朝时期就已经萌芽，到唐代取得了长足发展；到宋代，民间借贷较为盛行，合会也逐渐发展；明清时期，当铺和钱庄得到了广泛的发展。可以看出，私人借贷、合会、典当、钱庄等典型形式的民间金融是在传统的基础上发展而来。在国外，民间借贷也是在私人借贷的基础上产生并发展为形式多样的借贷形式。

2.农村民间金融的地域性

民间金融没有法律意义上的完整契约，主要凭借乡土社会的声誉和信任机制，因此，其活动范围具有很强的地域性。民间金融活动的发生更多的是以村庄或乡镇为范围,以"圈层结构"为基础,以地缘、血缘、业缘关系为纽带,主要是相互熟悉、相互信任的村民之间为解决临时性的消费资金或生产资金不足而发生的资金融通行为。但是,民间金融的信任机制随地域的扩大而逐渐失去作用,超过一定的地域范围,其信息获取能力和信息获取质量将大大降低,并且,农村民间金融得以有序运行的声誉约束、社会规范约束也将逐渐失去作用,因此,超过一定地域范围,民间金融因缺乏良好的运行机制而无法生存。因此,传统的民间金融具有较强的地域性特点,但是随着互联网金融的发展,民间金融的地域性限制正在被突破。

3. 农村民间金融的分散性、隐蔽性和多元化

农村民间金融活动具有很大的偶发性,农民在生产、生活中会遇到一些意外的或临时性的资金需要,从而发生民间借贷行为,这种交易偶发概率高,金额小,主要是为了解决小额的资金需求,交易高度分散于家庭、作坊、商户和小企业之间,借贷活动形式十分多样,既可以是私人借贷,也可以是合会、典当等形式,并且借贷活动往往只有借贷双方知道,隐蔽性强,无法观测或监测。

4. 借贷形式不规范

农村民间借贷形式虽然十分多样,但不规范。在民间私人借贷中,一般是凭口头协议,很少有书面借据,即使有书面借据,也十分简单,但民间金融却凭借其信息和信任机制、声誉约束和社会惩罚等机制,具有良好的履约率。在典当、钱庄等组织性借贷活动中,虽然有书面契约,但由于缺少完善的法律规制,其业务运行不规范,在国家监管之外无序发展。

5. 互助性与营利性并存

传统的民间金融以互助性为基础,如"老人会""兄弟会"等,都是一种无息和低息的互助性借贷,但典当行、钱庄却有很强的营利性,甚至是高利贷性质的。现阶段的农村民间金融活动仍然存在,像亲朋之间的互助性借贷,但在"熟人社会"和陌生人之间,营利性借贷发生更加广泛,并且存在高利化发展倾向。

三、农村民间金融的外延

农村民间金融可以分为两类:个人之间的民间借贷和有组织的民间借贷。

1. 个人之间的民间借贷

(1)个人借贷

个人借贷是一种互助性借贷,是亲朋好友之间为了解决临时性资金不足而进行的借贷行为,分为无息借贷和有息借贷两种。据马永强(2011)的研究,民间无息借贷比例高达51.7%。西南财经大学中国家庭金融调查与研究中心发布的《中国家庭金融调查》报告显示,参与民间借贷的家庭出现两极分化,83.3%的借贷没有

利息,而一旦收取利息,又会非常高①。近几年,除亲戚之间的调剂外,有息借贷的比例逐渐上升,但利息普遍在月息 10‰—15‰,远低于高利贷利率水平。

（2）高利贷者或职业放贷人

高利贷者或职业放贷人主要是以获利为目的的专业放贷的自然人。高利贷在中国具有悠久的历史,它产生于奴隶社会,盛行于封建社会,旧中国的农村社会基本上是一个高利贷占主导的社会（胡必亮,2007）。历史上的高利贷形式多样,如"驴打滚""羊羔息""坐地抽一""九出十三归"等,利息都十分高。中华人民共和国成立后,高利贷和职业放贷人已经一度绝迹,但在改革开放后,高利贷在一些地方又重新活跃起来。据融 360 发布的"小微企业普惠指数"显示,国内有 60% 以上小微企业所获得的贷款利率都呈现出"高利贷"特点（许莉芸,2014）。相对于民间借贷来说,专门的"老高"数量并不多,主要寄生在非法赌场和民营经济发达地区。

（3）银背

"银背"就是在借款人和贷款人之间充当介绍人或中间人的角色。温州民间放贷的主要角色并非"地下银行",而是至今仍活跃着的"银背"。据中国人民银行温州市中心支行的一项问卷调查显示,在温州民间借贷中,有 51.5% 的借贷是通过关系介绍（张元红等,2012）。"银背"不但自己拥有大量的资金,具有较为良好的信用,而且对周围的村民情况熟悉,如村主任、书记或当地有声望、有实力的企业家,他们扮演"信息经纪人"的角色,并收取介绍费、服务费、担保费等费用。"银背"的存在,扩大了民间借贷的规模和边界,使资金盈缺双方取得了"联姻"。

2.有组织的民间借贷

（1）合会

合会是在宋代萌芽并发展的一种民间借贷形式,根据其运行的规则不同,可以分为轮会、标会、摇会三种形式。合会往往发生在亲朋好友之间,是组会的成员之间轮流储蓄并提供信贷的一种金融活动,与国外的"轮转储蓄与信贷协会"(Rotating Saving and Credit Association)运行机制相似。

轮会是由会员协商决定得会次序后按次序轮流收取会款的一种合会方式。一般来说,得会越早,缴纳的会金越多,得会越晚,其缴纳的会金越少。因此,资金急需者往往得会要早,然后每期支付会金（包括本金和利息）,而资金盈余者则得会较晚,以收取较高的利息收入,因此,合会具有融资工具和理财工具的双重性质。标会又称写会、划会、票会,以竞标的方法决定得会次序的会式,利息按贴现方式计算,根据会金的处理方式,标会又可进一步细分为"标高"和"标低"两种。摇会是以

① 佚名《调查显示中国民间借贷利率平均 23.5%》,http://finance.sina.com.cn/china/20140529/200819268839.shtml。

摇骰子的方式决定得会次序的一种合会方式。

合会运行的基本规则是出于生产或生活的融资需要，由一个声誉较高的个人出面作为会首，向亲朋发出邀约，组织起一定数量的会脚(传统合会的会脚数量十分有限)，约定得会次序或以标会、摇会的方式决定得会次序，每人按期缴纳会金，每期会金由会首集中后支付给每期得会会脚。

传统的合会是互助性质，如"老人会""兄弟会"等。但是近几年，合会出现了很大的变异，出现了各种"抬会"事件，如 1985 年温州乐清"抬会事件"、1999 年平阳水头"会案"、2004 年苍南矾山"连环会案"、2008 年宁海"日日会"等，扰乱了金融秩序，影响了社会稳定。

(2)典当

典当也是一种历史悠久的民间借贷形式，其融资方式是以特定商品为质物向典当机构获得短期融资以满足生产或生活需要，典当机构在历史上被称为质库、解库、抵当库、长生库、解典库、质铺、典铺、质店等。典当融资一般是小额、短期资金周转，但由于其高利性，所以是一种典型的高利贷形式(曾康霖等，2005)。南北朝时期，寺庙经营的典当就十分普遍。到隋唐时期，典当业逐渐走向民间，形成了僧当、民当、官当并存的格局。到明代，典当业普及至城镇和农村，业务经营更加广泛。到清代，典当业则更为发达、规模更大，康熙三年(公元 1664 年)，全国典当当铺有 22000 多家，山西最多有 4794 家。中华人民共和国成立后，当铺由于其高利贷性质，列入消除行列，1956 年私营当铺已完全消亡。改革开放以后，典当作为传统的金融形式得以重新发展，1987 年成都开办了新中国第一家典当行——成都市华茂典当服务商行，随后在温州、太原、上海等地迅速发展。到 2013 年底，全国典当企业达到了 6833 家，平均注册资本 1781 万元，从业人员 5.86 万人，典当余额 866 亿元(王刚等，2015)。

(3)票号、钱庄

票号也称为票庄，是晚清民间自发创办的一种旧式金融机构。票号起源于清朝，时间大约是在乾隆、嘉庆年间。票号开设时，必须先在清政府注册，并且要有同业者联名保证，因此，票号主要被山西人所控制。到民国时期，由于交通的发展、银行等金融机构的出现、辛亥革命爆发等多种原因，晋商逐渐没落，票号也逐渐衰落。

钱庄起源于兑换，钱庄和票号本质上没有差别，华北、东北各地基本上都称为银号，但在长江中下游、东南各地则是钱庄、银号的称呼混用。由于多币制和多货币混合流通的原因，货币兑换在春秋战国时期就已经出现，到西汉时期出现了兑换业务，到唐宋有所发展，到明末，在兑换业基础上发展起来的钱庄已经成为独立经营的金融组织，不仅经营兑换业务，还办理放款业务，发行具有金融工具性质的会票。

钱庄延续到清代及至民国,到新中国建立以后,钱庄基本消亡。但在改革开放以后,浙江温州、台州等地开始出现一些私人性质的"地下钱庄",如乐清的"乐成钱庄"、苍南的"钱库钱庄"等。目前中国农村的"地下钱庄"大多处于未公开状态,从事放款、票据贴现等融资业务,利率相对较高。

(4)企业集资

集资在我国普遍存在,并且形式多样。企业集资是由于中小企业难以从银行获得贷款支持,为了企业的生存和发展,发动职工和周围村民共同交纳资金来获得融资需求的一种行为。企业集资一般仅限于企业内部职工和周边村民,借贷双方信息基本对称,以股息、红利或股权形式支付报酬,利率一般比银行利率略高或等同。

企业集资解决了民营企业的融资需求,促进了民营企业的发展。但近几年,社会的各种非法集资活动频繁,造成了很大的社会负面影响。"重庆加加"以高额利息为诱饵非法集资 3999.6 万元,有 860 人上当受骗;"百家和购物网"以高额回报投资网络购物平台为名非法集资 4.5 亿元,涉及人数达到 4 万人[1];江苏"乐园"公司向 5.26 万人次变相非法吸收存款合计 33.85 亿元[2];河南省中宏昌盛非法集资 20 亿元,山东、安徽、山西和陕西等多个省市数万人被套[3]。非法集资案件频发,对社会危害巨大,2013 年全国公安机关侦破非法集资案件 3700 多起[4]。

(5)民间资金中介机构

近年来,随着民间金融的发展和民间金融风险的暴露,民间资金中介机构作为民间资金运作服务性平台逐渐发展,数量和种类逐渐增多,业务不断扩大,但问题也在逐渐显现。融资性担保公司、投资咨询公司、私募机构、寄售商行、网络借贷平台等都是典型性的民间资金中介机构。根据制度规定,只有融资性担保公司才能从事放款业务,但实际上,各类非法机构纷纷打着担保公司的幌子从事非法融资活动。投资咨询公司应该是向投资者提出投资咨询建议或方案从而收取相应的咨询费用的,但部分投资咨询公司却在从事非法融资活动。网络借贷平台是近几年出现的民间资金中介机构,如"立刻贷""拍拍贷""人人贷"等,截至 2014 年末,互联网

---

① 佚名《"重庆加加"和"百家和"案例 非法集资案例及风险提示》,http://www.ccs.cn/news/news/2014-10/14_117299.shtml。

② 佚名《江苏省高院公布非法集资类犯罪十大典型案例》,http://js.people.com.cn/html/2012/11/28/189653.html。

③ 佚名《河南焦作曝非法集资大案 涉案至少 20 亿波及多省》,http://money.163.com/special/view558/。

④ 王浩《非法集资案件高发 全国 87% 地市牵涉其中》,http://finance.jrj.com.cn/2014/04/22095617086816-c.shtml。

金融规模突破 10 万亿元(李文龙等,2015)。各种民间资金中介机构都存在着逐利化经营倾向,部分机构更是从事非法融资、违法高利经营等活动,民间借贷中介机构所存在的制度性缺陷,有很大的社会风险,甚至会妨碍社会经济发展(陈捷等,2011)。

第二节　农村民间金融产生和发展的理论基础

一、金融抑制理论

(一)金融抑制的内涵

金融抑制(Financial Repression)是由麦金农(Ronald I. McKinnon)和肖(Edward S. Shaw)于 1973 年分别提出的。麦金农和肖都强调,如果将利率控制在通货膨胀率以下时,对经济发展会产生破坏效应,特别是将利率限制政策与准备金政策和金融限制政策结合在一起时,会阻碍金融深化发展并进而阻碍经济的发展。

金融抑制目前主要用来描述被认为阻碍金融有效发展的各种行政管理和税收制度,包括利率管制、汇率管制以及对金融体系的结构性抑制。利率管制是最常见的金融抑制政策,是对存贷款的名义利率进行上限设置。利率管制政策实行以后,会出现各种问题,如金融体系发展不足,资本密集度降低,会出现资本化程度不足等问题,还会使人们返回到自源融资的生产技术上来,金融中介的作用将被大大削弱(王曙光,2010)。汇率管制是通过货币对外升值,换取更多的外汇,节约进口成本,但会产生外汇配给问题,出现寻租和降低出口激励,损失经济效率。金融体系的结构性抑制是指政府利用市场准入、市场限制、业务限制等手段限制金融机构的设立和运行,目的是对银行体系的控制和保护,也包括对金融市场中金融工具的结构性保护,该政策运用的直接后果是金融机构缺乏创新能力,导致整个金融体系的运行效率降低,金融体系在脆弱性增强的同时,也大大提高了金融风险发生的概率。

金融抑制政策的效应主要包括:一是形成金融体系的"二元"金融结构;二是金融体系发育不全,结构体系内部的创新能力弱化;三是产生信贷配给,信贷优化配给给在收入和财富上处于上层的借款人,低收入群体并不能得到充分的信贷支持。

(二)政府干预下的农村金融抑制

长期以来,我国所实行的金融政策是政府干预的金融抑制政策,包括利率管制、金融结构性抑制和外汇管制等,金融抑制政策导致农村金融发展不足,农村金融体系不完善,农村储蓄外流,农民和农村中小企业贷款难,滋生了农村民间金融问题。

1.政府干预农村金融的原因

中华人民共和国成立初期由于发展重工业的战略选择,必须对金融进行控制,优先发展城市金融和工业经济,而抑制农村金融和农村经济。中华人民共和国成立初期,农业生产落后,农村经济基础薄弱,农民贫困,客观上需要采用利率限制、低息贷款、金融管制等政策,稳定农村社会和经济。在社会主义市场经济建设初期,市场机制并不完善,并且银行机构有追求高利润业务的倾向,如果不加干预,必然会出现严重的"离农"倾向,"三农"经济发展必然会缺乏足够的资金支持,客观上需要政府对农村金融机构进行干预和引导。按照"制度变迁成本分担假说",农村金融部门承担着制度变迁成本,而这些制度变迁成本,最终又是由农业部门和农民所支付(王曙光,2010)。

2.农村金融抑制表现

经过多次改革,我国已经初步建立起以股份制为主导、政策性与合作制为补充,以公有制为主体、多种所有制广泛参与的多元化、多层次农村金融组织体系。截至2013年末,我国已组建468家农村商业银行,122家农村合作银行,1803家农村信用社,1071家村镇银行,7839家小贷公司,4家消费金融公司,49家农村资金互助社。但农村金融抑制现象仍然明显,运用金融相关指标测算,我国农村金融在我国整体金融中的比重很低。2005—2012年,农户储蓄/GDP平均只有0.133387,而农户贷款/GDP为0.04999547,并且,农户储蓄明显高于农户贷款,农村金融发展明显不足(见表1-1)。

表1-1　农户储蓄/GDP和农户贷款/GDP　　　　　　　　　（单位:亿元）

	2005年	2006年	2007年	2008年	2009年	2010年	2011年	2012年
GDP	185808	217522	267763	316228	340902	401512	472881	518942
农户储蓄	24606	28805	33050	41878	49277	59080	70672	54615
农户储蓄/GDP	0.1324	0.1324	0.1234	0.1324	0.1445	0.1471	0.1494	0.1052
农户贷款	7896.3	7896.3	10677	11971	14622	26043	31023	36195
农户贷款/GDP	0.0424	0.0363	0.0398	0.0378	0.0428	0.0648	0.0656	0.0697

数据来源:中国金融年鉴,2010—2013年

3.农村金融抑制政策效应

首先是"二元"金融结构特征形成。长期实行的金融抑制政策使得我国的金融体系呈"双重二元"结构特征,即农村金融与城市金融、农村金融与农村民间金融二元对立,并且,农村金融所获得的金融资源包括机构和网点、人才、金融工具和产品

等都相对不足,导致农村金融结构不完善,发展滞后,对农村、农业和农民的金融服务弱化,农民和农村中小企业贷款可获得性差,从而形成了农村金融与农村民间金融二元对立的结果。但农村民间金融却在国家体制和法律外运行,累积了金融风险和社会风险。

第二,农村金融市场资源配置效率低下。政府的目标函数中包含社会扶贫、社会公平、农村社会稳定等因素,在干预农村金融时更多的是从社会效益目标出发,导致农村金融不能完全按照市场和经济原则运行。政府的利率管制、低息扶贫贷款、农村金融结构抑制及农村金融机构承担了一定的政策性金融任务,农村金融机构所出现的运行效率较低、粗放经营、关系型贷款、信贷寻租、扶贫贷款使用效率和偿还率低、农村信贷配给等一系列问题,都反映了政府干预下的农村金融抑制所带来的资金配置效率低下问题。

第三,农民和农村小微企业贷款难问题突出。在农村地区,由于金融网点覆盖面不足,主要集中在乡镇和经济较为发达地区,山区及经济落后地区的农村金融网点少,甚至是金融服务空白地区,存贷款都十分不方便。而广大农民一方面缺乏金融知识,另一方面缺乏抵押和担保,贷款难问题突出。农村小微企业由于缺乏财务制度、抵押和担保,正规金融机构贷款满足度低。2012 年,全国金融机构贷款总额629906.60 亿元,农村企业及各类组织贷款 109272 亿元,占比 16.2%,农户贷款36195 亿元,占比 5.4%,同期农户储蓄为 54615.6 亿元,农户贷款/农户储蓄为56.01%,农户储蓄有近一半被转移。

第四,农村民间金融发展广泛。发展中国家长期实行的金融抑制政策,导致金融结构失衡、信贷配给、金融体系缺乏效率,这是产生非正规金融的制度性根源(麦金农,1973)。在金融抑制的条件下,信贷优化配给给收入和财富处于上层的借款人,低收入的农民和农村中小企业并不能获得有效的信贷支持,只有采取民间借贷的方式进行融资,助长了农村民间金融的繁荣,同时也推动了民间借贷的高利化发展。

二、金融资源理论

金融资源理论是由白钦先教授(1998)在总结东南亚金融危机时提出,并进一步发展为金融可持续发展理论。白钦先教授认为:金融是一种特殊的社会资源,并且是一种具有极端战略重要性的资源;金融资源由于配置的是货币和信用,通过货币和信用的配置,可以影响和调动其他社会经济资源的配置,因此,金融资源是一种可以配置其他一切资源的特殊资源(张荔等,2011)。金融资源论的创立,对传统金融发展理论进行了一次整合与超越,推动了传统金融理论与经济发展理论在资源逻辑上进行联系,从而把传统金融理论分析框架推向更高的层次(郭金龙等,

2006)。白钦先教授(2000)在金融资源论的基础上，又进一步提出金融可持续发展观，认为要注重金融与经济相互协调前提下的金融资源配置。

1. 我国农村金融资源配置并不完全有效

近几年，随着金融体制改革的深入，金融机构逐渐多元化，金融产品和工具层出不穷，信贷总量不断增长，但 M_2/GDP 并不能真实反映经济货币化的程度，这几年 M_2/GDP 值的快速提升，却反映出我国金融资源没有得到有效配置，浪费严重(曾康霖，2005)。金融体制改革的深化和农村金融多元化后，农村金融体系已经逐步完善，形成了政策性金融、商业性金融、合作金融和其他金融机构并存的农村金融格局，并且，近年来，政策上也在向支持"小微"和"三农"倾斜，农村金融机构在产品和工具上也不断创新，"小微"和"三农"贷款余额不断增长，但中小企业和农民贷款难问题依然突出，这充分说明农村金融资源的配置仍然缺乏效率。

2. 农村金融资源配置失效助长了农村民间金融

我国农村金融快速发展，农村金融结构也在不断完善，但农村金融资源仍然没有得到有效配置，农村金融资源配置的失效集中表现在贷款难、贷款贵问题上。农村金融机构不断增多，农村金融产品和工具不断创新，但广大的农村居民和农村中小企业却得不到足够的金融支持。在融资需求得不到满足时，广大农村居民和中小企业为了自身的发展，寻求民间融资渠道，促进了农村民间金融的兴旺，推动了各种形式的农村民间金融形式的发展。因此，增设农村金融机构并不能从根本上解决贷款难和民间金融问题，我们应该从金融资源角度考虑金融的可持续发展问题。

三、信息不对称理论

信息不对称理论(Asymmetric information theory)是指在市场经济活动中，交易双方对信息的掌握是不对称的，双方在掌握的信息数量和质量上存在差异，从而导致双方在交易中的地位不同，信息掌握相对充分的一方为牟取利益可能采取让另一方受损而己方受益的行为，这种行为在信息经济学上被称为道德风险和逆向选择。道德风险(Moral Hazard)是指经济活动的一方主体，为获取自身利益的最大化而做出对他人不利的行为，逆向选择(Adverse selection)是指因为存在信息的不完全和不对称，信息优势一方会根据自身的信息优势而进行损害他人的机会主义行为，信息劣势一方因为很难防止信息优势一方的投机行为而不能进行有效决策，使得价格机制发生扭曲，不能发挥应有的作用，并导致市场配置资源的效率下降。Arrow(1985)把信息优势划分为"隐蔽行动"和"隐蔽信息"，"隐蔽行动"是不能为他人准确观测或臆测的行动，而"隐蔽信息"指从事经济活动的人对事态的性质有某些但可能不够全面的信息。

1.信息不对称与市场失灵

信息不对称理论认识到市场失灵问题,由于存在信息不对称所产生的逆向选择和道德风险,完全的市场经济并不能达到最佳的资源配置效果,特别是在投资、就业、环境保护、社会福利等领域存在着广泛的市场失灵现象。因此,信息不对称理论强调政府调控在市场经济运行中的重要性,认为政府应该加强对市场经济的监督、监管和调控,减少市场失灵现象,达到资源配置的最佳状态,促进市场经济的良性运行。

2.信息不对称与贷款难问题

信息不对称理论拓展了现代金融理论的研究视觉,根据信息不对称理论,在实际生活当中,商业银行等具有金融中介职能的机构并不能有效地克服金融交易过程中的信息不对称问题(赵鑫,2013)。金融运行中,存在着普遍的逆向选择和道德风险行为,金融机构为了减少自身的风险,必然对借款人采取"软硬"抵押、提高利率和附加其他贷款条件等措施。这些措施一方面增加了农村中小企业和农民的贷款难度,另一方面也提高了农村中小企业和农民贷款的实际利率负担。

3.农村民间金融具有信息优势

农村民间金融主要发生在农村领域,发生在"熟人社会",借贷双方具有相对对称的信息,贷款方对借款方的品德、能力、偿债资金来源、保障等各方信息都相对了解,从而能判别出信贷风险,可以利用其信息优势从事关系型贷款业务。农村民间金融正是由于其信息优势和贷款的便利性,在目前金融得到广泛发展的今天,仍然在广大农村生根和发展。

第三节 农村民间金融发展与监管理论

一、金融深化理论

(一)金融深化的内涵

麦金农和肖的金融深化理论认为,要实现金融发展与经济增长的良性循环,必须放弃国家干预政策,推行金融深化。金融深化的核心政策工具包括利率政策、金融发展政策和信贷政策(王曙光,2010)。利率政策的基本含义是放弃政府对利率的直接干预,利率水平由市场供求决定,并采取积极有效措施治理通货膨胀,以较高的正的利率水平促进储蓄和投资的增长。金融发展政策是指要扶持金融中介机构的发展,以金融机构的多样和多元促进金融机构的有序竞争,提高资金融通效率。信贷政策是指取消原有的政府信贷配给政策,信贷资金按市场原则流动,鼓励对中小企业的信贷。

（二）金融深化与农村民间金融发展

1. 认识农村金融活动的相对特殊性

农村民间金融主要发生在农村领域，其主要服务对象是"三农"，即农村、农业和农民。"三农"的基本特点是经济单元数量多，规模小，布局分散，所需融资额小，融资既有"短、频、急"特点，同时也缺乏房产等抵押，融资对象的特点决定了农村金融具有相对特殊性。在制定政策时，必须充分考虑农村金融的特殊性，既不能照搬城市金融的做法，也不能以损害农村金融来发展城市金融。农村金融的深化和发展，必须立足"三农"实际，从农村资金供求规律出发，探索并逐步建立适应农村经济发展需求的农村金融服务体系。

2. 正确界定政府职能

首先，要正确认识到政府的"守夜人"角色和作用，认识到政府的主要职能是制定政策、规则和监管，通过法律、政策和制度引导农村金融的良性发展，而不是干预。

其次，要正确处理政府和市场的关系，从政府干预转向按市场原则运行，但考虑到市场失灵和非理性发展的存在，政府不能一味地放纵市场发展，而应该通过法律和政策引导市场理性发展。

第三，政府应加强对农村金融健康水平的监测，特别是农村金融机构的可持续性发展、农村信贷资金规模及流向、农村金融风险的监测，如果发现农村金融发展出现"亚健康"状态或出现隐性风险时，要及时进行疏导，确保农村金融机构及市场稳定健康运行。政府要建立农村金融危机处理预案，对可能出现的农村金融危机和风险研究采取可靠可行的化解措施，确保农村金融和农村经济的良性发展。

3. 构建多层次的农村金融服务体系

长期抑制的农村金融政策导致农村金融体系发育不健全，市场竞争不足，农村金融机构缺乏竞争活力和创新精神，对"三农"和小微企业的金融服务能力没有得到充分发挥。要充分发挥农村金融机构支农支小的积极作用，必须构建多元化的具有竞争活力的农村金融服务体系。

第一，健全农村政策性金融体系和农村金融服务功能。农业发展银行作为农村政策性银行，被赋予了重要的政策性金融使命，但一直以来，农业发展银行没有"作为"，在农村金融改革的背景下，更有明显的商业化发展倾向，"越位"现象严重。政府要激发农业发展银行的活力，而不是"越位"。政府主导设立政策性保险机构，健全农业政策性保险体系。

第二，充分发展农村商业性金融机构。鼓励商业银行农村机构的"三农事业部制"改革，将农村金融与城市金融分离，农村机构专门针对农村市场开展金融业务、提供金融服务。引导邮政储蓄银行的改革和发展,更好地服务于农村经济的发展。引导农村商业银行、农村合作银行和农村信用社坚守农村阵地,发挥出"支农、支小"的主力军作用。

第三,引导资金互助组织发展,重建我国的合作金融系统。完善的农村金融系统主要由政策性金融、商业性金融、合作金融和民间金融组成,其中,合作金融主要是为社员提供储蓄和融资服务,具有交易成本低、效率高的内生制度优势(何卫江,2006)。长期以来,由于政策和体制原因,我国农村信用社并不具备合作金融的基本特征,改制以后的农村商业银行和农村合作银行更是"离农"倾向明显。由广大农户自发组织的资金互助组织具有较明显的合作金融性质,但法律定位不明显,也没有相应的法律规制。以资金互助组织为基础,重建合作金融系统,通过法律规范和引导,促使农村金融系统稳定健康发展。

第四,引导微型金融的创新与发展。2008年农村金融市场开放以后,小额贷款公司、村镇银行等微型金融组织发展迅速,在有些地方甚至达到"井喷"程度,微型金融发展一度失控,违规行为不断,风险逐步凸显。对微型金融,要充分认识到其支持"三农"的重要作用,在加强监管和风险控制的前提下,有序发展,同时,要促使小额贷款公司和村镇银行加强金融创新,推广符合农村实际的微贷产品和技术,更好地服务于农村经济发展。

第五,加强对民间金融的引导、规范和监管。民间金融历史悠久,有其存在的合理性和必要性,对民间金融宜疏不宜堵,重点加强对其引导、规范和监管,促使其阳光化发展、合法化运行。

4. 逐渐推行农村利率市场化改革

逐渐放松利率管制,推行利率市场化政策,通过农村金融市场的资金供求形成合理的利率水平。放弃负利率政策,以合理的正利率,激发农村储蓄和投资,抑制农村非法借贷和经济"空心化"现象,促进农村经济增长。

二、法经济学理论

"法经济学"(Economics of Law)是由艾伦·迪雷克特在1958创立并发展起来的一门经济学与法学交叉的边缘学科。狭义上的"法经济学"将法律制度作为经济发展的内生变量加以理论诠释,通过对法律制度的研究分析其对经济运行的影响(杜莉等,2006)。

1. 法律规制与犯罪

根据法经济学的有关理论,法律及法规是影响并制约人们行为的重要内生变量,它决定了人们可以做什么以及不可以做什么,通过规范对人们的行为发生制约和调节的作用,人们在法律规范面前会进行自主性判断,从而根据法律规范来决定自己的行为(冯玉军,2005)。由于法律是相对稀缺的,并且理性的"经济人"具有极力逃避法律责任或绕过法律栅栏追求自身利益的内在驱动力。追求财富最大化和非财富利益最大化,是人们在现有法律框架下的一种基本行为和选择。法律规范既是人们行为和选择的基本准则,同时守法收益和违法成本也影响着相关经济决策。一般来说,犯罪分子也有犯罪收益和违法成本,并且,只有收益大于成本时,犯罪行为才会实施。要杜绝或减少经济犯罪,必须增强法律规范,提高犯罪成本。但法律的制定和实施会受到政府及公众的多重影响,在一定条件下,会出现"法律失效"现象。

2."法律失效"与农村民间金融非理性发展

现阶段农村民间金融的非理性发展,各种非法集资案件的频繁爆发,究其原因,与我国相关法规建设的滞后不无关系。法律的滞后,使得民间融资缺少法律的规范和引导,人们在追求自身财富最大化的时候,也缺少法律规范的约束。同时,金融犯罪后的违法成本过低,法不责众所导致的"法律失效",也是农村民间金融乱象的重要原因。

3.法律规制与农村民间金融健康发展

农村民间金融呈现非理性繁荣,其中一个重要原因是缺乏法律规范的约束和引导,同时,金融违法和犯罪的成本过低,也使得各种农村金融犯罪行为不断发生。因此,我国促进农村民间金融的健康发展,必须从法律规制入手,通过相应的法律规范引导农村居民和中小企业的投融资行为,通过法律手段严厉打击各种金融犯罪行为,促进农村民间金融的稳定、健康、有序与理性发展。

三、金融监管理论

(一)金融监管理论的发展

政府对金融的监管最早可以追溯到1720年英国所颁布的《泡沫法案》。"南海泡沫"案和"密西西比泡沫"案促使了《泡沫法案》的颁布,标志着金融监管的开始。随着中央银行制度的普遍建立,现代金融监管理论逐渐发展。但20世纪30年代以前的金融监管理论讨论焦点仍是货币监管和银行挤兑。

20世纪30年代的大危机,证明了金融市场的不完全性,市场失灵是一种客观存在。金融监管理论也围绕市场失灵问题展开:金融市场涉及公众利益,外部性十分明显,必须通过监管与管制来减少负外部性所带来的影响;金融产品是一种公共产品,不具有排他性和竞争性,容易产生"搭便车"现象,政府需要提供稳定的金融环境来促进金融产品的供给;金融交易存在普遍的信息不对称问题,从而产生道德风险与逆向选择,降低金融交易效率,导致帕累托效率非最优,需要政府通过各种措施减少信息不对称现象;金融市场容易出现垄断、欺诈和不正当竞争问题,破坏正常的市场秩序。

在金融自由化背景下,金融监管理论主要是研究如何协调金融安全稳定与效率方面,注重金融业的特殊性及对监管的要求,并逐渐向金融风险管理方向发展。90年代以后,金融危机频发,金融自由化理论也因此受到了普遍的批评,金融监管理论主要是研究如何处理好金融稳定、繁荣与提高效率等问题。

(二)金融发展中的金融监管

1.金融发展中的政府金融监管和法律框架

金融自由化修正了具有金融抑制性质的金融管制措施,但没有及时建立起金融有效监管的框架和金融自由化所需要的法律环境,导致金融危机频发和金融动荡。已有的研究表明,金融自由化并不是单纯地放弃政府管制,而是要改变政府管制的方式和政策工具,放弃降低金融运行效率的金融抑制政策。

Walker(2000)提出了金融稳定的法律体系的10个原则,其主要内容有:法律应界定和保护私人产权;法律应维护交易自由,保证市场秩序;法律及相应规则和规范,应有益于经济交易;政府干预就在法律框架下的适度干预,防止专断和不公平行为;法律规则应反映社会文化,促进良好社会氛围的建立;法律和监管框架为金融体系的发展提供良好的支持;法律规则应鼓励创新,支持竞争,促进市场参与者合作和建立市场信心。

根据 Walker 的指导原则,要促使金融体系的稳定,减少危机和动荡,必须建立完善的市场经济法律框架,金融监管必须是遵守法律法规前提下的依法监管。

2.金融监管理念与监管效率

我国目前所实行的分业经营、分业监管的模式,虽然基本适应我国分业经营的客观情况,但也存在交叉监管、监管空白等问题,不能适应金融混业经营的趋势和要求,也不能适应金融的创新和发展。由于目前的金融出现了混业经营和跨界经营的趋势,如果还实行分业监管,监管空白和监管失灵现象会越来越严重,因此,我国的金融监管应该由分业监管和机构监管向功能性监管转变,提高金融监管效率。

要提高金融监管效率,首先,必须有权威、独立、民众信任的监管主体。按照巴塞尔协议的要求,监管主体必须有操作上的独立性,不受或少受政府的影响和干扰。监管主体可以独立执行监管和处罚,在监管的执行上具有高度的权威性。其次,监管主体必须有达成监管目标所需的监管资源,包括监管机构、监管资金、监管人力资源、监管信息和监管技术等。再次,监管主体应具有有效的监管机制,能采取预见性和灵活性的监管措施,对金融组织、行为和活动能预先做出判定,并果断采取措施进行预先矫正,结合严厉的事后惩罚,防止各种金融违法行为的产生,确保金融体系的稳定。

（三）民间金融的发展与金融监管

我国民间金融的发展存在着政府和市场的两重失灵。从政府失灵角度来看，我国没有建立起民间金融监管体系；从目前的分业管理体系来看，没有监管机构对民间金融问题负责，民间金融的发展处于政府监管之外。政府即使想监管民间金融，也缺乏相应的法律法规支持，而且没有明确的监管主体和监管资源。从市场失灵角度看，民间金融目前仍处于无序发展状态，民间金融乱象丛生，风险不断累积，民间借贷危机不断爆发。相对于正规金融来讲，民间金融更需要监管，建立民间金融监管体系已经是一个十分迫切的现实问题。

要建立民间金融的监管体系，必须重点解决三个问题：

（1）将民间金融纳入市场经济法律框架，或者出台专门的民间金融法律法规，或者将民间金融纳入现有的法律体系，并做出专门性的法律规定。

（2）明确民间金融的监管主体。银监会虽然拥有监管资源，但其主要职责是对银行业的监管，在目前分业监管的体制下，银监会已经承担了繁重的银行监管任务，如果再增加民间金融的监管职能，会导致监管边界过大。地方政府成立专门的部门监管民间金融，主体能明确，虽然监管资源缺乏，但可以落实，并且，地方政府对当地民间金融发展态势比较熟悉和了解，易于因地制宜开展监管工作。

（3）落实民间金融监管资源，建立民间金融监管机制。民间金融监管资源包括分支机构、资金、人才、信息和技术，其中监管分支机构易于落实，监管资金可以在政府预算中考虑，关键是人才、信息和技术需要引进，并建立激励机制避免腐败。

小　结

对农村民间金融的概念界定仍存在混乱，这在一定程度上影响了民间金融的理论研究和监管实践。农村民间金融界定的核心是把握住内生性和非规范性实质，而不是表象。因此，农村民间金融是个人或家庭、农村中小企业之间借助农村民间资本自发进行或有组织进行的处于国家金融监管之外的金融组织、行为和活动的总称。根据农村民间金融的内涵界定，其外延十分广泛，但大致可分为个人之间的民间借贷和有组织的民间借贷。

对农村民间金融产生和发展的原因可以运用金融抑制理论、金融资源理论和信息不对称理论进行分析。长期以来，我国农村金融市场实行一种典型的政府干预下的金融抑制政策，政府采取利率限制、信贷配给等政策直接干预农村金融市场，抑制了农村金融的发展，导致农民和农村小微企业贷款难问题突出。虽然随着金融体制改革的深入，金融机构逐渐多元化，金融产品和工具层出不穷，信贷总量不断增长,但中小企业和农民贷款难问题依然突出,这说明我国的金融资源没有得到有效配置。农村的"两多两难"问题为农村民间金融的发展提供了土壤,而由于其信息优势和贷款的便利性,在目前金融广泛发展的今天,仍然在广大农村生根和发展。

农村民间金融虽然有积极作用,但也有负面影响,必须采取积极有效的措施,加强对农村民间金融的监管。首先,要积极深化农村金融体制改革,发展和完善农村金融服务体系,增加农村金融服务供给。其次,加强农村民间金融立法,对农村民间金融组织、活动及行为进行规范和制约。再次,建立农村民间金融监管体系,减少监管空白和监管失灵现象发生,提高监管效率。

第二章
我国农村民间金融的产生与发展

第一节　我国农村民间金融的历史演化

一、1949 年以前农村民间金融发展概况

民间金融的最初形式是以实物借贷为主,其历史最早可以追溯到商代,在《吕氏春秋》中就有记载:周武王在灭商以后"分财弃责,以振穷困",把债务取消安抚穷人。到西周时代,虽然生产力水平仍然处于很低的水平,但民间融资的初级形式就已经出现(江曙霞,2003),当时的民间融资是以实物借贷为主,既有由官方机构提供的借贷,也有亲朋好友或宗族内部的相互借贷。即时的借贷更多的是互助性,虽然也有有息借贷,但仍以无息借贷为主,或者是宗族内部资助性质的(杜伟等,2011)。为了防止借贷纠纷,官府设置"泉府"和小宰对民间借贷进行管理,其中,"泉府"负责官方提供的借贷,小宰则是主理民间债务纠纷。

春秋战国时代,随着贫富差距的拉大,民间借贷逐渐增多扩大,但主流的借贷仍是互助性质,如解决春荒问题的粟贷。这阶段的民间借贷,开始出现借贷契约和高利贷的萌芽。据《左传·襄公二十九年》记载,"出公粟以贷,使大夫皆贷,司城氏贷而不书",可以看出当时的借贷已经出现了类似借款契约的书面凭证。随着宗族组织的逐步瓦解,血缘和互助观念逐渐淡泊,到战国中期,出现了利率达 50% 甚至 100% 的粟贷,高利贷逐渐产生和盛行,并且已经发展出比较完善的利率体系,影响利率水平的因素主要是借贷主体、借贷种类、借贷时间等(魏悦,2004)。

秦汉时期,除救济性质的"赈贷"外,出现了专门从事高利贷的职业放贷,政府开始对借贷进行利率限制,并设有"取息过律"和"贷谷息过律"的罪名,根据

《史记·货殖列传》记载,汉代的民间借贷利率,最高不得超过20%的年利率。汉代的民间借贷,无论是实物借贷、货币借贷,还是信用借贷、抵押借贷,都有一套严格的借贷程序(徐建红,2007),在国家法律的保护和引导下,民间借贷逐渐规范。

到了唐代,高利贷更是盛行,在社会逐利观念的影响下,富商、官僚和寺庙纷纷利用高利手段盘剥百姓,聚集财富(张兴胜,2007),出现了各种形式的当铺。政府虽然多次颁布政令,对民间借贷利率进行限制,避免利率过高对生产和生活的不利影响,但实际的民间借贷利率仍然有月利七分的情况(李莹等,2014)。

到了宋代,合会萌芽并发展,不但规模有所扩大,合会形式也多样,如"新安会""过省会""万桂社"等,既有为解决生产生活中的资金困难,也有为寒士读书、赶考等提供资助。

到了元代,出现了互助性质的农业村社,《元史·食货志》记载:"凡五十家立一社……社中有疫病凶丧之家不能耕种者,众为合力助之。"但由于土豪兼并土地,农民被迫流亡,农民只能借助于高利贷。

明代中期,典当业逐渐兴盛,民营当铺发展迅速,徽商、晋商等商人和商帮都办起了典当,短期抵押盛行。明代的钱庄已经相当发达,并形成了一定的汇兑网络。清代,官营当铺和私营当铺齐头发展,有"当铺""当店""典当"等各种名称,出现了"短押""小押"等面向穷人的典当。在清乾隆、嘉庆年间,出现了票号,其中山西票号最为发达。

民国时期虽然战乱不断,但民间借贷仍然频繁发生,借贷方式主要是融资和借粮,其比例分别达到56%和48%(杜伟等,2011)。政府虽然对高利贷做出了严格限制,但高利贷仍然十分普遍,并且形式多样,名称不一,如"大加一""探头利""驴打滚""期粮""卖青苗"等。民国时期,互助性质的合会如"兄弟会""老人会"等发展广泛,据统计全国平均每个县有2.21个会,但实际数量远远不止,特别是"老人会""童子会",每个村庄都可能存在。

二、1949年以后农村民间金融发展概况

1949年,中华人民共和国成立,农村实行了土地改革,广大农民虽然分到了土地,但经过长期的战争,农民生活困难,也缺少生产资金,农民生产和生活依旧困难。针对当时实际,中央实行了借贷自由的政策,民间个人借贷逐渐恢复,但对高利贷仍然采取严格取缔的政策。

1953年10月,毛泽东在对"四个自由"①进行严厉批判的基础上,提出要走农

---

① "四个自由"是指租佃自由、雇工自由、借贷自由、贸易自由。

业合作化道路,农村民间借贷成为改造对象之一。中国人民银行在 1954 年 11 月召开反高利贷座谈会,提出通过积极发展农村信用社来替代民间个人借贷。农业合作化"大跃进"后,实行了"一大二公"的人民公社制度,以生产大队集中劳动的生产方式取代了个人劳动,农民没有个体生产,没有相互的生产资金借贷需求,农村民间借贷被高度抑制,但在极小范围内仍然存在,主要是偶然发生在村民之间的生活性借贷。

改革开放以后,农村民间借贷逐步兴起。由于长期实行人民公社制度,农民的既有积累少,在家庭联产承包责任制推行初期,农民虽然分到了部分生产资料和劳动工具,但农民生产和生活依旧困难,生产队内部的互助性亲情借贷逐渐增多。随着乡镇企业的发展,生产性资金需求逐渐增加,但农村金融服务供给却十分有限,资金供需矛盾突出,进而催生了合会等农村民间金融,民间借贷逐步旺盛。

1993 年 12 月 25 日,《国务院关于金融体制改革的决定》拉开了我国金融体制改革的帷幕。1996 年,《国务院关于农村金融体制改革的决定》(国发〔1996〕33 号)提出要建立和完善以多元机构分工协作的农村金融体系,1999 年 1 月,国务院正式宣布取缔违规经营的农村合作基金会,开始对农村民间借贷进行整顿。

但由于农村金融改革滞后,农村金融服务体系不健全,不能满足改革开放后农村经济发展的金融服务需求,农村金融体系运行效率低下,缺乏创新和活力,农民贷款难和农村中小企业贷款难问题突出。2008 年,中央提出加快开放农村金融市场,村镇银行、小额贷款公司、资金互助社、典当行等各种新型农村金融机构得到了快速发展,同时,农村信用社的市场化改革步伐也逐渐加快,农村金融整体服务水平得到了显著提升,小微贷款余额不断增长,但农村"两多两难"问题依然突出,农村民间金融在兴旺发达的同时,出现了明显的异化发展倾向。

三、农村民间金融的演化进程与演化规律

农村民间金融在互助需要的基础上产生,但在发展演化中,营利性成了借贷的主要目的。农村民间金融在个人借贷的基础上,逐渐向组织化借贷发展,但个人借贷仍然广泛存在(见图 2-1)。

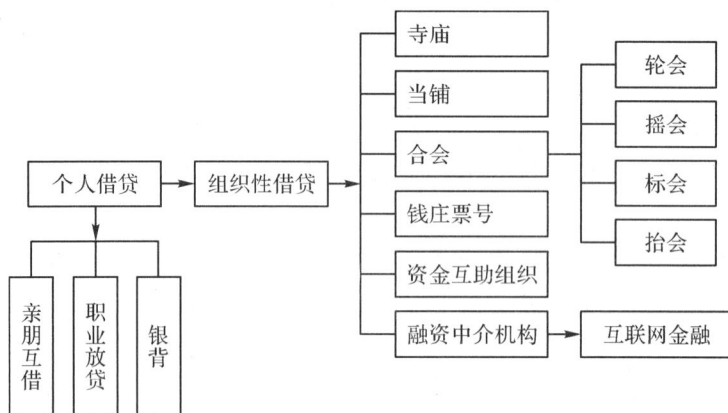

图 2-1　农村民间金融演化进程

1. 农村民间金融形式的演变

（1）从实物借贷向货币借贷发展。民间借贷起源于实物借贷,种子、粮食等是最初也是目前普遍存在的实物借贷内容,但由于实物借贷的范围小,往往局限于村庄范围的村民或亲友之间,存在着很大的局限性。随着货币的出现,作为社会财富的一般代表,它成了借贷的主要内容,货币借贷由此也发展成为主导形式的借贷方式,但实物借贷并没有消亡,在一定范围内仍广泛存在,即使在货币经济高度发展的今天,在农村等领域仍然存在着一定的实物借贷。

（2）由私人借贷向有组织的借贷转变。民间借贷在发展初期主要是亲朋好友或宗族内部的偶然性借贷,并且主要发生在"熟人社会",后来虽然出现了地方政府、富商放贷人,但也是偶然性借贷和私人借贷性质。随着民间借贷的发展,私人借贷逐渐向组织性借贷发展,出现了合会、典当、钱庄、票号等有组织的借贷,其中典当、钱庄、票号更是以营利为目的的组织性借贷。

（3）多种借贷形式并存。农村民间金融发展到了个人借贷与组织性借贷并存的阶段。在个人借贷中,亲朋互助性借贷、职业放贷与"银背"并存。在有组织的借贷中,合会、钱庄、典当、资金互助社、融资中介等各种组织形式并存。

（4）农村民间金融向正规金融演化发展。姜旭朝（2004）认为非正规金融具有融入正规金融系统的发展趋势。现代意义上的商业银行也是从民间金融逐渐演化发展而来的。农村民间金融具有比较优势和相对有效的运行机制,合会、当铺、钱庄、票号等形式的民间金融组织都曾经发挥了其重要的作用。但民间金融组织也有自身的缺陷,如经营不规范、资金筹措能力不足、风险控制能力薄弱等,决定了其是一种过渡性的制度安排,不能适应市场经济进一步发展的需要。虽然,农村民间金融在一定范围内将长期存在,但其具有向正规金融组织演化发展的基本趋势。

2.民间借贷的高利贷倾向与政府管理

民间借贷从最初的实物借贷起源以后,互助性借贷、有息借贷、典当等各种形式的借贷方式长期并存,互助性借贷与营利性借贷相互并存,但却具有明显的高利贷发展倾向,以高利息率为特征的高利贷是封建社会农村借贷关系普遍的典型的形式(方行,1994)。西汉时期的"子钱家贷钱"年息 20%,元代"羊羔息"年息100%,明朝"贷谷"年息 20%,民国更是出现了"大加一""探头利""驴打滚""期粮""卖青苗"等高利贷形式。

高利贷的发展虽然对社会危害大,带给了广大农民沉重的压力和负担,但由于人心的贪婪和残酷,在农村民间借贷中却是一种长期并且客观的存在。正是由于高利贷的危害性,历代政府都曾对高利贷采取了一定的管制政策,如汉代的"取息过律"和"贷谷息过律"。除规定利率上限和利息总额外,汉代曾对放高利贷的本金课税(黄涛,2012)。

政府对民间借贷的干预和管理,除利率限制以外,还通过律法对民间借贷行为进行限制和规范,设立相应的机构管理民间借贷,处理民间借贷纠纷,如西周就设置了"泉府"和小宰,专司民间借贷管理。

第二节　农村民间金融产生的一般原因

一、民间金融内生于乡土社会

1.乡土社会的基本特征

费孝通指出,"从基层上看去,中国社会是乡土性的",乡土社会成为中国传统社会性质的基本判断。在传统的农村社会,农民以宗族和血缘为纽带,结村而居,形成了最基本的乡土社会特点。

(1)乡土社会是一个地方性的社会

人们聚村而居,依靠村落形成一个共同生产、生活的地域,保持着较小的地域半径,对地域之外的区域接触很少,从而形成一个半封闭的生于斯、死于斯的地方性社会(费孝通,1998)。乡土社会的地方性,决定了乡土社会具有相对封闭性,在乡土社会发生的事件只在内部传播,信息半径相对较小。

(2)乡土社会是一个熟人社会

乡土社会的重要特征是"熟悉"(陈柏峰,2011),乡土社会的地方性特点,决定了人们所生活的环境是一个熟人社会。在乡土社会中,相邻的几个村落构成一个小型的熟人社会。在熟人社会中,信息具有相对公开性,在某一家庭发生的事很容易扩散到整个熟人社会中。

（3）乡土社会的"差序格局"

地方性和熟人社会使得农村关系纽带以血缘和地缘为基础，并形成了一个以"差序格局"为特征的农村社会结构（费孝通，1998）。每一个人都是以自己为中心，根据亲疏远近形成不同的"圈层"结构，其中，关系越亲密，则"圈层"越近，关系越疏远，"圈层"越远，从而形成波浪形的"圈层"结构。但在当代中国农村，由于社会流动性增强，人们的交际范围逐渐突破了原有的地域限制，"差序格局"的关系链条逐渐扩大，导致"差序格局"所包括的社会关系范围在扩大（谢建社等，2004）。

（4）社会经济活动以村庄信任为基础

乡土社会的地方性和相对封闭性，是村庄信任的社会基础。村庄信任是指在村庄范围内，村民之间共同生产、生活，相互熟悉相互了解，通过村庄特有的文化、习俗和民间规范，建立起一种相互信任关系，对彼此产生一种对未来的一种积极预期。村庄信任，维护着农村社会的稳定，促进村庄的和谐运转，成为农村社会经济活动的基础，维系农村民间各种借贷关系的持续并促进农村民间金融的发展。

（5）乡土社会是一个礼治社会，民间法则起着主要的规范性作用

乡土社会的核心特征最终可归为两点，即作为潜在规则的礼治原则和作为外在形态的差序格局（贾永梅等，2010）。"礼"是一种社会伦理关系和社会化的人格关系，是社会秩序维系的基本力量（潘建雷等，2010）。传统习惯和民间规范是民间基本规则，对村民的行为规范进行着限制和规定，如果违反传统习惯和民间规范，可能受到相应的惩罚，民间惩罚更多依靠的是软力量，如流言蜚语、声誉、谴责等，民间惩罚维系着常态乡土秩序中的信用（尚海涛等，2011）。

2. 乡土社会是民间金融发展的土壤

（1）熟人社会减少了信息不对称问题

农村社会是熟人社会，借贷双方具有地缘、血缘、业缘关系，在日常生活中接触频繁，相互熟悉，相互了解，保证了民间借贷双方的信息了解，包括对借者的品德、资金用途、还款能力的了解和评定。农村社会是熟人社会，通过软信息、相互关系对借款对象进行事先筛选，减少了借贷中信息不对称问题，提高了借贷的效率。

（2）村庄信任是民间金融的产生基础

在乡土社会，村庄信任是人们进行社群交往、互惠往来、相互借贷的基础，村庄信任之所以能发挥出村庄社群交往的基础作用，是因为在村庄范围或乡土社会，信息具有封闭性流动特点，信息不对称现象相对较少，人们熟悉并且具有血缘和地缘关系，从而形成一种认同型的信任关系（王曙光，2007）和生物社会学中与生俱来的亲缘性利他的特征（邱建新，2007），同时民间规范和民间惩罚在一定程度上又提高了信任水平，同时互惠原则又确保了相互借贷的偿还，村庄信任为农村民间金融的

产生和发展奠定了良好的社会基础。

（3）民间规范保障了农村民间金融的持续运行

在民间借贷活动中,存在一种合约约束机制来促进借贷的偿付（王曙光,
2010）。这种约束来自民间规则,如果借款人不能按时履约,就要受到民间规则的
惩罚并付出高昂的成本,如流言蜚语、声誉损坏、谴责,违约者将丧失信誉甚至是社
会地位,不能获得周围亲戚朋友、乡邻的再次信任,减少了再次借贷的机会。在农
村社会,民间规则是一种相对有效的约束机制,在某种意义上,甚至比法律的威慑
更大,从而保障了民间金融的持续运行。

二、现阶段农村民间金融广泛存在的原因

1.农村金融抑制下的必要补充

随着农村金融体制改革的推进,农村金融服务体系逐渐多元化,农村金融市场
竞争逐渐加剧,农村金融产品创新和服务创新不断增强,农村金融服务水平不断提
高。但农村金融抑制现象仍然明显,据统计,2005—2012 年,农业贷款在全国贷款
中平均占比只有 4.68％,2010 年以后,农业贷款占比下滑明显。乡镇企业贷款在
全国贷款中比重很低,且呈明显的下滑趋势,2005—2009 年,乡镇企业贷款在全国
贷款中平均占比只有 2.64％;2010—2012 年,按新口径的农村企业贷款平均占比
为 14.57％(见表 2-1)。

表 2-1　农业贷款和乡镇企业/农村企业贷款余额和比例

	2005 年	2006 年	2007 年	2008 年	2009 年	2010 年	2011 年	2012 年
各项贷款(亿元)	206838	238518	277746	320048	425596	479037	581892	672871
农业贷款(亿元)	11529	13208	15429	17628	21622	15583	16034	17020
农业贷款占比(％)	5.92	5.86	5.89	5.809	5.41	3.25	2.75	2.53
乡镇企业贷款(亿元)	7901.7	6222	7112.6	7454.2	9029.2	/	/	/
乡镇企业贷款占比(％)	4.06	2.76	2.72	1.40	2.26			
农村企业贷款(亿元)	/	/	/	/	/	65581	85093	103623
农村企业贷款占比(％)	/	/	/	/	/	13.7	14.6	15.4

注:从 2010 年开始,短期贷款分类出现变化,不再统计乡镇企业贷款余额,开始统计农村企业贷款余额。

广大农村企业得不到正规金融机构足够的信贷支持,又没有其他合适的融资
渠道,为了发展生产转而寻求民间金融资金支持。民间金融在兴盛的同时走向了
非理性繁荣。2011 年,高利贷在全国成蔓延之势,浙江温州、江苏泗洪、内蒙古鄂
尔多斯、陕西神木等地更是出现"全民高利贷"现象。

2.农村社会资金供求矛盾促使民间金融发展

2012 年末,农户储蓄存款余额达到 5.46 万亿元,说明农村居民财富增长迅
速,但由于投资政策、投资渠道、投资技术、投资环境等多方面的原因,巨量的农村

居民财富十分无奈地选择银行储蓄作为投资主渠道。资本是逐利性的,没有合适投资渠道的农村财富很容易受到民间高利的引诱,选择民间金融进行投资。

2012年末,农村贷款合计10.92万亿元,占全国人民币贷款的16.2%,正规金融部门无法满足农户和农村中小企业的贷款需求,农村金融领域出现了"系统性负投资现象"(王曙光等,2007)。农村资金的"非农化"倾向也加剧了农村资金供求矛盾。2012年末,农户储蓄存款余额达到5.46万亿元,而同期农户贷款却只有3.6万亿,存贷倒挂了2.76万亿。农村资金通过邮政储蓄、农村商业银行、农村信用社的"非农化"信贷和"城市化"运用,转移到非农产业和城市。

农村资金供求矛盾集中体现为"两多两难"问题,而该问题直接推动了农村民间金融的兴盛和民间借贷利率的上升。

3.农村金融立法滞后导致民间金融盲目发展

农村金融立法滞后于农村社会经济的发展,不能适应农村金融发展变化。农村金融体制改革虽然在不断推进,但农村金融立法却没有跟上改革的步伐,立法明显滞后,农村金融缺少完整的法律规制。农村民间金融问题虽然一直困扰着我国经济的发展,历史上也曾经多次发生农村民间金融风波,如温州的"倒会"事件、农村频发的非法集资事件等,但农村民间金融相应法律却一直没有出台,农村民间金融的无序发展与金融立法滞后的情况关系很大。

4.民间金融文化的深厚积淀

民间金融在我国有着悠久的历史,虽然我国政府曾经对高利贷采取打压的政策,曾经一度抑制了农村民间金融的发展,但农村的各种互助性借贷和实物性借贷却一直存在。几千年的发展沉淀了深厚的民间金融文化,债信文化和"合会"文化深入人心,农民在资金需要时,往往优先选择民间借贷和"合会"融资,而不是向正规金融机构融资,这一方面是由于正规金融机构贷款的程序复杂、贷款门槛较高、综合利息成本较高等原因,另一方面也是民间金融背后深厚的文化沉淀因素。

第三节 农村民间金融的共生性

一、农村民间金融共生性的一般描述

(一)金融共生理论概述

共生(Symbiosis)是德国生物学家德贝里(Anton de Bary)在1879年提出的生物学概念,是指不同的物种相互依赖而生存(李元华,2012)。共生是自然界的一种普遍现象,在社会和经济生活中,也存在各种共生现象。共生理论就是通过对共生现象的分析,研究共生体之间在特定的共生环境下的相互作用形式,揭示驱动共生关系发生的原因、行为模式和演变趋势。

在共生理论的基础上,袁纯清清楚地认识到不仅生物之间存在共生关系,经济现象之间也存在共生关系,并以生物共生理论为基础,创立了独具特色的金融共生理论(刘沛林等,2003)。根据金融共生理论,金融机构与企业和居民个人之间通过信用的授受形成了一种共生关系,企业和居民个人有了一定的积余资金,选择到金融机构进行存款,成为金融机构重要的信贷资金来源,而当企业和居民个人出现资金临时性短缺时,从而选择到金融机构贷款,金融机构与企业和居民个人之间通过相互的信用授受,相互解决资金需要,相互依存,相互发展,形成了一种典型的共生关系。

(二)农村民间金融的共生性

农村民间资金供求矛盾推动了农村民间金融发展,而农村民间金融内在机制又契合了农村和农村中小企业实际,两者之间是一种共生关系。中小企业的融资特点是"短频急",但却没有符合要求的财务资料和抵押物,不符合正规金融机构的信贷要求,很难获得正规金融机构的贷款供给,而民间金融的非正规性和很强的地区性特点,与中小企业融资需求存在一种有效的耦合机制(虞群娥等,2007)。Berger Allen N. 和 Gregory F. Udell 认为银行的信贷技术可以细分为财务报表型、资产抵押型、信用评级型和关系型等四种,前三种信贷技术都属于交易型信贷技术,依靠的是财务比率、营利能力、抵押和担保等能客观量化的"硬信息"(Hard Information)(徐健,2013)。农民和农村中小企业没有符合规定的财务报表、账务资料,也缺乏合适的抵押物,不符合交易型信贷技术的要求,只能利用关系型信贷技术获得相应的贷款支持,农村中小企业和农民的融资需求推动了民间金融发展,两者共生关系显著。

从共生理论角度理解,农村居民个人、农村中小企业与农村民间金融组织的共生距离短,这使农村民间金融组织相对容易获得各种非财务信息,并且,农村居民个人和农村中小企业的共生单元偏小,与外界接触渠道少,不利于各种信息的获取,而农村民间金融组织生长、发展于农村范围,对农村居民个人和农村中小企业主的家庭背景、个人喜好、生产技术水平、获得能力、负债水平、偿债能力和来源等各项非财务信息都相对了解,信息获取相对容易。因此,与正规金融机构相比,农村民间金融组织更具有信息优势,更容易与农村居民个人和农村中小企业形成共生关系。

二、农村民间金融与农户共生性的调查分析

(一)数据与样本来源

为本课题研究,笔者赴浙江杭州(下沙)、温州(平阳)、台州(黄岩和三门)、绍兴(柯桥、新昌和嵊州)、金华(永康和武义)等地区进行了田野调查,调查范围覆盖五个地区、9个县市、27个村,农户生产类型主要有商贸、加工、农业生产、打工等多种类型,共收回有效问卷521份。

(二)借贷需求是共生性的市场基础

1.农户的借贷频率较高

从样本数据分析,78%的农户曾经向亲友借过钱,说明广大农户都有生产性、消费性或临时性的借贷需求。

2.农户借贷的最主要是消费性用途

农户借款的主要用途是建房、生产和小孩上学,民间借贷主要用途是消费性用途,各项用途合计超过70%,生产性借贷占比相对较低,只有24.03%(见图2-2)。

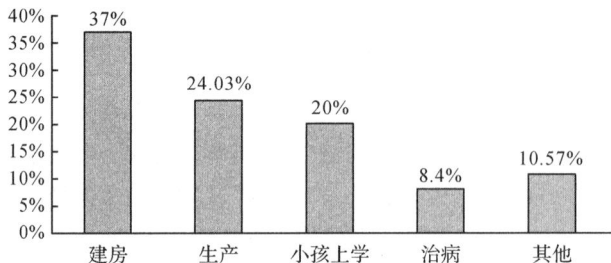

图 2-2 借贷的主要用途

3.农户借贷主要是小额借贷

农户借贷金额普遍很小,大多数是小额借贷,51%的民间借贷都是在1万元以内,37%的民间借贷是在1万元到5万元之间,超过5万元的民间借贷占比较少(见图2-3)。

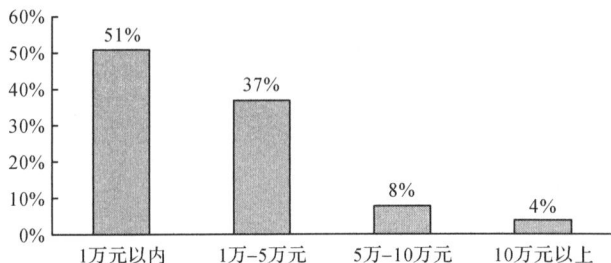

图 2-3 借贷金额

从以上数据看出,农户借贷需求旺盛,并且主要是消费性小额信贷需求,这些信贷需求与民间金融的融资能力基本匹配,这是农村民间金融发展的市场基础。

(三)市场失灵是共生性的生存空间

1.农户向正规金融机构贷款的获得性

农户借贷需求旺盛,但农户获得正规金融机构的贷款比例很小,只有 21%,在正规金融机构贷款中,并且主要是向农村信用社系统(包括农村合作银行、农村商业银行)贷款。

2.正规金融机构对农户信贷市场的满足性

本次调查的重点区域是浙江省绍兴市柯桥区。2013 年末,柯桥全区总人口数为 727545 人(其中本地户籍人口 438473,占全区总人口 60.27%),按 2.68 人的全市户均人口数量折算,柯桥共有本地户籍家庭数量 163609 户。柯桥区共有规模以下工业企业 12334 家,其中小型企业 3673 家,个体 8661 家[①]。柯桥区共有 21 家银行性金融机构,银行机构的分布密度超过一般地区。在柯桥银行机构中,瑞丰银行农村商业银行的主要市场目标是"三农"和小微企业,共有 111 家网点,其中 5 家支行在绍兴市区、1 家支行在浙江义乌,存款市场占比为 36%,贷款市场占比为 30%。2014 年末,瑞丰银行农户(个人)贷款户数 24849 户,贷款余额 100.07 亿元,小微企业贷款 3932 户,贷款余额 59.51 亿元[②]。从瑞丰银行的情况可以看出,农户和小微企业从正规金融机构获得贷款的可能性较低,大量农户和小微企业难以获得贷款支持。市场失灵为农村民间金融的发展创造了基础,而现实情况是柯桥民间金融发达,仅小额贷款公司就达到了 8 家。

(四)比较优势是共生性的制度基础

信贷约束、成本和风险是影响农户偏好民间借贷的重要因素(马永强,2011),贷款的便利性、可得性和综合成本是影响农户借贷渠道选择的主要原因。民间金融机构在信息掌握上具有比较优势,借贷手续相对简便,不需要提供完善的财务资料和复杂的信贷手续,也不需要严格的抵押担保或财务审查,凭借口头协议或书面借条,借款人就可以快速地获得资金,及时进行周转或投资(孙晨辉等,2014),因此,58.9%的农民借贷首选是民间借贷,然后才是向银行和信用社贷款。

1.贷款的便利性

农民生活性借贷往往是小额、零散的,并且具有偶发性和不确定性特点,农民

---

① 绍兴统计年鉴,2014。

② 瑞丰银行 2014 年度工作报告。

希望能随借随用、随借随还,而商业银行、农村信用社贷款有规定的信贷流程,需要贷款申请、贷前调查、贷款审批、合同签订、贷款发放等一系列手续,贷款资料多,流程繁杂,农民向正规金融机构款时的资料成本、时机成本都很高,贷款很不方便。据调查,22%的农民认为从银行、农村信用社等正规金融机构贷款很不方便,44%认为不太方便,两项合计达66%(见图2-4)。

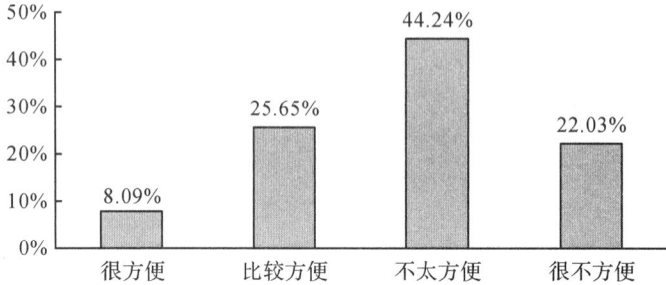

图 2-4 从金融机构贷款是否方便

2.贷款的可得性

贷款难易程度和贷款的可得性是农民在贷款前选择贷款渠道的重要因素(韩宏华等,2007),在利率相近条件下,农民普遍偏好于贷款容易的信贷渠道。由于农民缺乏硬抵押,农民希望贷款时不抵押,而采用担保或信用方式,但商业银行为了控制贷款风险,更多的希望是采取抵押或质押贷款方式,农村信用社虽然在抵押要求上较商业银行低,但担保是最低条件。由于担保的连带责任,农民在贷款时,寻找合格的担保人并不容易。抵押和担保问题,大大影响了农民贷款的可得性。没有关系和无抵押物分别占贷款难的原因的22%和20%,不具备贷款条件则是促使农民转向民间借贷的重要原因(见图2-5)。

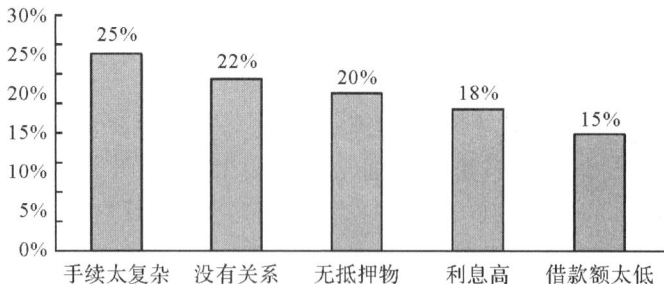

图 2-5 贷款难的原因

3.贷款的综合成本

贷款不仅仅包括利息成本,还包括人情成本和请客、送礼等隐性成本,这些成本共同构成了贷款的综合成本。农民由于收入水平相对较低,一般对利息较为敏感,而农村信用社贷款利率一般按人民银行基准利率上浮 100％,这使广大农民觉得利息负担较重。民间借贷分无息和有息两种:民间无息借贷主要是家庭成员或亲朋之间的互助性质的借贷,但背后还有隐含的人情成本;民间有息借贷的利率虽然一般高于银行贷款利率,但手续简便,办理方便,贷款的时间成本小。农民在选择贷款渠道时,会综合比较贷款成本,如果民间借贷的人情成本过高,则他们会宁愿选择银行贷款,如果人情成本在可承受的范围内,则他们会偏好于选择民间借贷。民间有息借贷虽然利率高于正规金融机构贷款利率,但贷款便捷,并且没有其他隐性成本,只要民间有息借贷利率在正常的合理范围内,也会成为农民借贷选择的重要渠道。

三、农村民间金融与小微企业的共生性

2013 年末,全国金融机构贷款总额达 117.47 万亿元,其中,小微企业贷款余额 17.76 万亿,小微企业贷款占全部贷款总额的比例为 15.12％,全国小微企业(包括个体工商户)总数是 5606.16 万家,获得银行贷款的小微企业户数是 1249.77 万户,获得贷款的小微企业占比为 22.48％[①]。

(一)小微企业融资特点

1.资金需求的短急频

小微企业由于缺乏财务制度和财务管理,不能很好地预见生产经营的资金需求,融资需求往往缺乏计划性,具有短、急、频特点。

2.融资渠道狭窄

小微企业的创业资金主要来自自有积累或亲友借贷,在生产经营中如果遇到资金缺口,只能依靠银行贷款或向民间借贷等方式。但由于财务制度不健全,抵押品缺乏,信息不对称,倒闭概率高等原因,中小微企业从银行获得贷款困难较大,根据浙江省政协 2011 年的一份报告,在金融相对发达的浙江地区,有 80％以上的小微企业很难获得银行的贷款。

3.融资需求的行业差异较大

小微企业大致可以分为制造类小微企业、服务类小微企业、商贸类小微企业和高科技类小微企业等类型,各类小微企业的融资需求差异性较大。一般来说,制造类小微企业融资用途主要是固定资产投资、原料采购、人员工资等,借贷期限普遍较长,借贷风险较大,融资需求满足率较低;服务类小微企业和商贸类小

---

① 数据来源:中国统计年鉴,2014;银监会年报,2013;全国小型微型企业发展情况报告,2014。

微企业的融资用途主要是周转资金和人员工资,借贷期限较短,需要的贷款方式是随用随还,流动性强,借贷风险较小;高科技类小微企业的融资用途主要是设备投资和周转资金,一般自有资金较少,更多的资金来源依靠融资,借贷风险大,期限长。

(二)小微企业贷款难的原因

1.金融抑制政策

我国长期实行政府干预下的金融抑制政策,形成二元金融结构特点,农村金融的发展水平落后于城市金融,农村信贷供给和农村中小企业贷款可获得性差,2013年末,小微企业贷款获得率仅为22.48%,小微企业贷款占比为15.12%。

2.信息不对称所造成的信贷配给

根据交易型信贷技术,农村小微企业需要向银行提供相关的财务报表和数据,但由于农村小微企业管理不规范,财务制度不健全,难以向银行提供完善的企业和财务信息,银行对农村中小企业进行财务因素和非财务信息分析存在一定的难度,同时,由于信息不对称原因,银行机构掌握小微企业非财务因素方面的"软信息"又存在较大的难度,为规避信贷风险,银行机构往往采取信贷配给政策。由于小微企业的信息非均衡而使银行所采取的信贷配给政策是造成小微企业融资缺口的重要原因(张玉明,2006)。

2.缺乏有效的抵押物和合适担保人

农村小微企业由于自身积累少,仅有的资金往往用于生产需要,没有能力去购置或建设厂房,也没有足够的商品房用于银行贷款抵押。由于农村小微企业在发展初期,经营往往具有波动性,导致企业存续的不确定因素增大,给农村小微企业贷款担保的风险增大,理性的经济人往往不愿意给类似的企业担保。缺乏有效的抵押物和合适的担保人,进一步降低了农村小微企业贷款的可获得性。

(三)农村小微企业选择民间金融的原因

1.难以获得银行贷款支持下的一种无奈选择

从表2-2可以看出,银行间接融资仍然是目前全社会融资的主渠道,但据2012年4月温州金融办的相关调查,小微企业占温州企业总数99.5%,从正规金融渠道获得融资支持的却只有23.8%(冯岚等,2012)。广大中小企业特别是小微企业贷款获得率低,在难以获得银行信贷支持下,无奈选择民间借贷市场、小额贷款公司、村镇银行和融资性中介机构获得融资支持。

表 2-2　2011 年末温州社会融资规模

融资渠道	融资规模（亿元）	比重（%）
银行信贷	8221.15	83.7
小额贷款公司、农村资金互助组织	108.67	1.1
民间借贷	880	8.9
融资性中介机构	600	6.1
其他	13.18	0.2

数据来源：温州市金融局

2.中小企业与民间金融的共生性

农村小微企业在初创和发展时期一般没有太多的积累，没有能力购置产房，缺乏合格的抵押品；没有健全的财务制度，不能提供合格的财务报表；经营过程中，由于不确定性因素的影响，经营风险较大，这些因素都造成其向银行贷款的困难。但农村民间金融由于贴近小微企业，拥有丰富的非财务信息资源，较容易通过"软信息"来判断小微企业业主的品行和经营风险，在确保借贷本金安全的条件下，对小微企业提供融资支持，小微企业与民间金融是一种共生关系（张兴亮，2012）。

3.关系型融资与民间金融选择

小企业群体的融资方式主要是关系型融资。关系型融资是利用深入借款企业所收集的关于借贷企业和企业主的历史与背景、品德与爱好、收入与支出等各种"软信息"而决定贷款投放的信贷技术。农村小微企业由于没有合格的抵押，没有符合要求的财务报表，不符合交易型信贷技术的要求，只能依靠关系型融资，而非正规金融在收集中小企业的"软信息"上具有优势（林毅夫，2005）。民间融资在关系型融资上具有天然的"契合性"，能通过熟人社会和各种非正规渠道获取借款企业和企业主的"软信息"，从而降低信贷过程中的不确定性（郭斌等，2002），在掌握较为全面的非财务信息后，通过简单的手续向小微企业提供融资支持。

小　结

民间金融的最初形式是以实物借贷为主，其历史最早可以追溯到商代，在《吕氏春秋》中就记载有：周武王在灭商以后"分财弃责，以赈穷困"，通过取消债务安抚穷人。最初的民间借贷是为了互助，后来随着社会经济的发展出现了高利贷，合会、典当、钱庄和票号等民间借贷形式而不断出现。

农村民间金融在互助需要的基础上产生，但在发展演化中，营利性成了借贷的主要目的。农村民间金融在个人借贷的基础上,逐渐向组织化借贷发展,但个人借贷仍然广泛存在。从农村民间金融的演化发展历程,可以归纳出以下一些基本规律:一是借贷形式演变,从实物借贷向货币借贷发展、由私人借贷向有组织的借贷转变、多种借贷形式并存、向正规金融演化发展;二是具有明显的高利贷发展倾向,由于高利贷的危害性,历代政府都曾对高利贷采取了一定的管制政策。

农村民间金融内生于乡土社会,乡土社会是民间金融发展的土壤,一是熟人社会减少了信息不对称问题,二是村庄信任是民间金融的产生基础,三是民间规范保障了农村民间金融的持续运行。

在现阶段,农村民间金融之所以广泛存在是由于农村金融抑制、社会资金供求、农村金融立法滞后、民间金融文化的深厚积淀等原因。

农村民间金融与农村小微企业和农户之间存在着较强的共生关系,由于小微企业固有缺陷和融资特征,往往不能获得正规金融机构的贷款,而农村民间金融组织生长、发展于农村范围,对农村居民个人和农村小微企业主的家庭背景、个人喜好、生产技术水平、获得能力、负债水平、偿债能力和来源等各项非财务信息都相对了解,信息获取相对容易。因此,与正规金融机构相比,农村民间金融组织更具有信息优势,更容易与农村居民个人和农村小微企业形成共生关系。

第三章

农村民间金融机制与脆弱性

第一节　民间金融的利率机制

一、民间金融的利率种类

利率是货币资金的使用价格,在民间有息借贷中,利息是促进交易的动力因素之一。从理论上分析,利率的高低主要受借贷成本、借贷期限和借贷风险等因素影响,但在民间金融中,利率还受双方的感情、借贷风险、周边借贷利率等多种因素的影响,在实际借贷中存在低利率、中等利率、高利率三种情况(见表 3-1)。

表 3-1　民间金融利率分布

典型民间金融形式	利率水平	利率决定因素
友情借贷	低率或中等利率	情感、利息收益
合会	中等利率或高利率	利息收益、风险、情感
私人钱庄	中等利率或高利率	营利、风险、资金成本
典当业	中等利率或高利率	营利、风险、资金成本
民间集资	低利率、中等利率或高利率	综合收益、风险

(一)低利率

低利率包括无息或利率在 15% 以下的借贷利率,低利率水平的民间借贷主要发生在亲友之间或者是经民间借贷服务中心撮合的借贷交易,此类借贷交易,由于信息相对对称,借贷风险较小,利率水平较低。

(二)中等利率

中等利率主要是营利性有息借贷活动中使用的利率水平,一般来说维持在

20%左右,在温州金融改革中,借贷利率控制目标就是 20%左右。中等利率水平的借贷活动一般发生在私人借贷或小贷公司的借贷活动中,此类借贷交易在考虑风险可控的前提下,更考虑资金成本和盈利水平。

(三)高利率

关于高利率水平的界限,虽然存在着争议,但一般认为月息 3 分以上,就是高利,在民间借贷活动中,超过银行基准利率 4 倍是一种常见现象,甚至有达到或超过月息 1 角的情况。高利率水平对借方来说,融资的成本压力很大,目前主要发生在"过桥贷"、赌场、地下钱庄、非法"抬会"等借贷活动中。

根据表 3-1 分析,民间借贷形式不同,利率决定因素不同,其利率水平高低也不同,低利率、中等利率、高利率等利率水平在目前的民间金融活动中,混合存在。在借贷活动中,利息收益不是借贷的唯一收益,如在友情借贷和合会中,情感和友谊的维持是一种潜在的收益,但在逐利性借贷中,如私人钱庄、担保公司、典当等借贷中,营利性是主要目的,利率水平普遍较高,维持在中等利率或高利水平。

二、民间金融利率决定

利率是民间金融市场"无形之手",获取利息收入是民间金融交易的基本动因,利率的高低影响着民间金融交易的规模。利率作为民间金融的核心和焦点,引起了社会广泛的关注。从金融抑制论角度看,由于金融抑制、信息不对称等原因,农民和中小企业的融资产生缺口,在向民间金融进行融资时抬高了民间金融利率;从市场分割论角度看,民间金融的活动范围具有明显的地域性特点,从而产生了市场分割和价格歧视,对市场范围外或融资需求强烈的客户索取较高的利息;从成本论角度看,民间融资具有风险成本、交易成本和机会成本,三项成本综合决定了民间金融利率。影响民间金融的利率水平高低的因素虽然很多,但综合起来都可以归入供需两方的因素。

(一)民间金融利率决定的供给因素

1.民间借贷资金供给水平

民间借贷资金供给水平反映民间借贷的稀缺性,受民间借贷组织的数量、可贷资金数量等影响。在民间借贷需求一定的条件下,如果民间借贷组织数量增多,可贷资金数量增加,民间借贷资金供给增加,民间借贷利率趋于下降。反之,民间借贷利率则上升。

2.民间借贷风险

一般来说,民间借贷风险与利率呈正相关关系,如果借贷风险越大,要求的利息补偿越高,利率就越高,如果风险相对较小,则利率会在低利率和中等利率范围内波动。影响民间借贷风险的因素主要有：

第一，借款人的人品。人品是借款人"软信息"的核心，通过道听途说等信息途径，贷款人对借款人的声誉、性格、为人处事、家庭、朋友关系、不良嗜好等进行评价，综合判定借款人的人品。如果借款人的人品良好，则意味着借贷风险较小，给予较低的利率优惠，如果借款人的人品不良、道德败坏，则提高利率或不予借贷。

第二，借款人的经济实力。对借款者经济实力的评估，主要从借款人的行业及行业基础、企业规模、住房和汽车情况、生意景气、收入水平等来判断，如果经过判断，借款人的实力较强，说明借贷的风险较小，利率可以相对较低，借款人的经济实力较弱，则借贷风险就相对较大，利率上浮。

第三，借款资金用途。借款资金用途可以分为生产用途、生活用途、临时周转用途和高风险用途等，借贷用途与风险相关，如果资金用途与生产生活相关，则风险相对较小，其利率较低。如果是临时周转用途或高风险用途，则利率要求较高。贷款人在收集借贷用途信息后，根据用途来判断借贷风险大小，并根据借贷风险来决定利率水平。

第四，借贷期限。一般来说，随着借贷期限的增长，借贷期限内的不确定性因素增多，影响借款人的未来偿债能力的因素增多，借贷风险增大，借贷利率也就相对较高。但借贷期限与借贷利率之间的关系基本是负相关关系，其主要原因是借贷期限增长后，资金的闲置成本降低，这是融资需求的紧急性、融资期限和风险等多种因素共同决定的结果。但民间借贷期限与利率之间还存在其他关系形式，如递增形、波浪形、倒 U 形、U 形(丁骋骋等，2012)，借贷期限并不是利率高低的决定因素。

第五，抵押或担保。民间借贷一般没有抵押，但有抵押或书面的担保，无疑会提高借款人资信，降低借贷风险。并且借贷风险还与抵押物类型、担保人实力和声誉相关，如果是房产抵押或在当地有实力的企业家、公职人员作担保，则借贷风险进一步降低，利率可以更加优惠。

3. 民间借贷机会成本

民间借贷也存在机会成本，就民间借贷来说，所考虑的机会成本主要有银行储蓄和理财收益、股票投资收益、房地产投资收益、借给亲友的利息收益、自我消费的享受收益等。

4. 其他因素

第一，借贷双方关系。对社会直接借贷来说，借贷双方关系是影响借贷利率的一个重要因素。如果借贷双方是兄弟或姐妹等直接亲属关系，受亲情因素的影响，借贷主要体现为互助关系，则借贷利率可能是零利率。如果借贷双方具有一定的地缘或业缘关系，或者是邻里之间，或者是朋友之间，相互之间关系紧密，借贷也具有较强的互助性,借贷利率往往是低利率或零利率。但对其他借贷形式来说,借贷双方往往是陌生人关系,则没有人情因素的影响。

第二,银行贷款利率水平。银行贷款利率水平,是民间借贷利率的参考因素。在其他因素不变的条件下,如果银行提高贷款利率水平,则民间借贷利率水平也随之提高,但民间借贷利率与银行贷款利率具有相对独立性。

第三,通货膨胀预期。不但市场利率的变动受到通货膨胀的影响,民间借贷利率同样也受到通货膨胀预期的影响。一方面,通货膨胀预期,民间借贷要求的物价波动补偿增加,另一方面,在当前的"负利率"政策下,部分居民储蓄就会游离出银行系统,银行信贷资金来源减少,可贷资金降低,银行信贷供给减少,推动民间借贷利率的上升。

(二)民间金融利率决定的需求因素

1.银行信贷规模和贷款的可得性

一般来说,借款人在正规金融机构难以获得贷款时,才会到民间金融进行借贷,因此农村民间金融的利率水平与银行信贷规模紧密相关,具有"闻风而动"的特点(叶茜茜,2011)。如果银行信贷规模扩大,银行贷款相对容易时,贷款的可得性增加,农户和中小企业将偏好于向银行贷款,民间借贷需求随之减少,利率趋于下降。如果中央银行采取紧缩性货币政策,社会信贷资金供给减少,银行贷款的稀缺性增强后,将优先贷放给重点客户和优质客户,农民和小微企业所能获得的贷款比例降低,将被"逼"向民间借贷,民间借贷供小于需,民间借贷利率则有上升的可能。

2.银行贷款成本

银行贷款的综合成本包括利息成本和寻租成本,利息成本由贷款合同所规定的利率决定,而寻租成本主要是贷款申请的请客和送礼成本,贷款难度越大,寻租成本越高。对于融资额度较小的小微企业和个人来说,寻租成本相对较高。借款人在比较银行贷款的综合成本与民间借贷利率以后决定借贷渠道,在银行贷款综合成本较高时,部分小微企业和个人转向农村民间借贷,推动民间借贷利率的上升,而民间借贷利率的上升,又刺激了银行贷款寻租成本的上升,从而形成一个恶性循环。

3.借贷的比较收益

民间借贷的贷款人之所以忍受较高的民间借贷利率,是因为背后的比较收益因素。如果借款人没有其他融资渠道,资金链即将断裂,可能马上破产或倒闭,此时,融资处于高度饥渴状态,借款人只担心融不到资金,而不会去考虑利率因素。贷款人在接受高利融资的比较收益是生产经营的持续和可能的营利机会,而对贷款人来说,其收益是高风险背后的高营利,两者的博弈推动紧急性融资利率的上升。

第二节 民间金融的信任机制

一、信任基本理论

(一)信任的内涵与作用

国外学者对信任的研究主要是对"trust"的研究,即"相信、信赖、确信、有信心"的意思,在 1900 年出版的《货币哲学》中,齐美尔认为信任是"社会中最重要的综合力量之一",但齐美尔之后,信任研究几乎被忘记(郑也夫,2001),直到 20 世纪 70 年代以后,社会学家们才重新重视并拾起对信任的研究。

社会学家科尔曼(1990)认为信任是具有风险因素的决策行动,个人在这类行动中承担的风险程度取决于其他行动者完成交易的情况。Berezin(2005)认为信任是一种感觉或认知行为,是我们在对既往行为知晓的基础上做出的"未来赌注"。福山(1995)认为信任是拥有共同规范的社团成员,对彼此常态、诚实、合作行为的期待。郑也夫(2001)认为信任是一种相信对方所做的行为或所处的周围秩序符合自己愿望的态度。可以看出,信任是在现有信息基础上对未来所做出的一种判断,并表现为一方对另一方达到自身愿望和要求的积极预期,该预期往往是基于现有信息的先验判断,带有一定的不确定性和风险,盲目信任更是一种非理性行为。

信任可以分为特殊信任和普遍信任,也可以分为人际信任与制度信任,人际信任就是基于个体人际关系的特殊信任,而制度信任是一种以制度为基础的普遍信任。郑也夫认为信任从结构上可以分为人格信任与系统信任,他所说的人格信任实际上是一种基于血缘和地缘而形成的特殊信任,而系统信任是基于制度的信任。

福山认为在塑造经济社会过程中,信任具有巨大的力量,没有信任,社会就是一盘散沙。在市场经济中,信任是所有交易的前提,没有信任就不会有交易产生,就不会有市场(张维迎,2003)。相对于没有信任的交易者来说,信任既可以大大降低交易前的信任成本和谈判签约成本,也可以大大降低交易契约的实施风险和监督成本(顾江洪,2013)。信任增强人们对风险的忍受能力,增强行动的勇气和决心,有助于促进民间金融交易的顺利进行和民间金融的健康发展。

(二)信任与信息

信任一定依赖于信息,因为过去的信息包含着未来,是未来行动选择的良好预期(张维迎,2003)。阿罗(1984)认为通过获取充分的信息可以减少各种不确定性。20 世纪 40 年代,信息的奠基人香农(C. E. Shannon)认为"信息是用来消除随机不确定性的东西"。

1.信息具有非均衡性特点

信息的非均衡性主要指信息的掌握是非对称的,即信息的非对称性。非对称信息(asymmetric information)指的是信息在市场交易各方之间传播和掌握呈现出差异性,一方所掌握的信息并不一定为另一方所掌握(张玉明,2006)。非对称信息的存在,降低了信任水平,提高了交易成本。在实际的信息收集和判断中,还存在信息量的大小、信息无序性和信息价值问题,如果信息量不够,说明对另一方的私人信息掌握不足,信息非均衡程度严重,不足以产生信任。

2.信息具有无序性特点

信息的无序性是指各种信息呈扩散特点,甚至是自相矛盾,在各种无序信息中,既有与目标事件相关的具有判断价值的信息,也有无用信息、干扰信息,甚至是误导信息,如果决策方不能对无序性信息进行筛选和判断,误信错误信息和干扰信息,信任就会产生风险。

3.信息决策

在信息不完全可靠的情况下,决策者往往根据先验概率和后验概率计算出信息所得 IG,根据"期望信息"进行判断。

根据信息论,我们可以构建基于信息和信任的普通信息函数 $-\log P_i$,其中 P_i 表示随机变量 X 取 x_i 的概率,令:

(1)$h(p)$仅为事件的概率 p 的函数;

(2)$h(p)$对 p 连续,$0 \leqslant p \leqslant 1$;

(3)$h(p)$是 p 的单调递减函数;

(4)考虑到一件几乎不可能发生却已经发生的事件的影响力远远大于一件概率很高并且已经发生的事件,特做出如下限制:$h(0) = \infty$,$h(1) = 0$;如果 $0 < p_1 < p_2 \leqslant 1$,则 $h(p_1) > h(p_2)$;

(5)两个独立事件均发生的信息等于每一事件发生的信息之和。

当信息不完全可靠的情况下,设 p_p 为一事件发生的概率(先验概率),p_f 为同一事件在给定该事件已经被预测要发生条件下的概率(后验概率),则

$$IG = \log p_f / p_p = h(p_p) - h(p_f)$$

考虑 n 个互不相容事件的完备集 $E_1, \cdots, E_n$,相应概率为 $p_1, \cdots, p_n$

如果,$\sum_{i=1}^{n} p_n = 1$,$p_i \geqslant 0$,则一事件的发生概率为 p_i 所包含的信息为 $h(p_i)$

期望信息由下列公式给出。

$$0 \leqslant \sum_{i=1}^{n} p_i h(p_i) = H(p) \leqslant \log n$$

当 $h(p_i) = -\log p_i$ 时,约定:若 $p_i = 0$,则 $p_i \log p_i = 0$

当 $p_i = 1/n$ 对所有的 $i = 1, 2, \cdots, n$ 成立时,得到最大值 $\log n$

如果信息期望与个体的信息需求相符,则产生信任效应。

(三)信任与信誉

在市场经济活动中,市场交易各方存在信息的非均衡,双方信任关系的建立主要靠信誉机制,没有信誉就没有信任。信誉依靠的是历史交易或行为及其守信情况所做出的简单推断,信誉既是信任的重要信息考察变量,同时,信誉与信任又是相互交织发展,没有信誉就没有信任,没有普遍的信任,也就没有信誉。但是,如果信誉要发挥出应有的作用,需要具备一定的外部条件,如声誉信息的有效传递、声誉约束效应和惩罚、交易的重复进行和交易者对长远利益的考虑等,如果声誉失去了约束和惩罚作用,单凭声誉就难以产生信任。

二、民间金融的信任机制

(一)民间金融信任类型

关于民间金融的信任类型,杨慧宇(2007)认为这是一种关系信任,王曙光(2007)认为这是村庄信任,马旭明等(2014)认为这是人际信任,还有学者认为这是制度信任和非制度信任(楼远,2003;蒋永穆等,2006)。制度信任是依托法理规则建立起来的人类信任关系,主要是指法律对民间合法借贷和合法债权的保护,而非制度信任是依靠人际关系、声誉约束和道德规范而建立起来的信任关系。民间金融的基础是非制度信任,但随着我国法治建设的推进,相信在加强民间金融立法后,民间金融中的制度信任成分逐渐增强。

(二)民间金融信任关系

根据信任关系,我们可以把民间金融的信任关系分为相互信任、基于中介的信任、基于第三方的信任等。

1.相互信任

相互信任是指借贷双方个人之间的信任。设定借方甲、贷方乙,甲是否守信,取决于甲对两种利益的比较,即违约所获得的利益和乙丧失对他的信任后所采取的制裁而蒙受的损失。甲一旦违约,乙采取的制裁措施主要有,不给予第二次信任,采用不守信予以回报,违约事件的宣传和扩散,从而影响甲可能获得的其他关系个人所提供的信任。作为贷方的乙,必须比较 $P/(1-P)$ 和 L/G,其中,P 为甲守信的概率,$1-P$ 为甲违约的概率,L 为甲违约而造成的损失,G 为甲守信带来的收益。如果甲乙双方存在长期合作关系,并且甲已经履行承诺,则乙认为甲守信概率 P 值提高,同时守信收益 G 值也提高,双方信任进一步提高。

2.基于中介的信任

在民间金融活动中,相互信任往往发生于以人际关系为纽带的、具有血缘和地缘基础的强关系的亲朋好友之间,就弱关系人或陌生人来说,信任关系往往难以顺利发生,如一个农夫向邻村一个富户借钱,他们以前可能认识,但素无交往,虽然已有的信息表明该农夫是一个诚实守信的人,但借贷交易往往难以顺利进行,即使农夫愿意支付高额利息,富户仍然会怀疑其违约的可能。此时,就需要信任中介,也就是信任媒介,如邻居、借贷平台等。

根据信任活动类型,信任中介分顾问、保证人、承办人三种角色(见图3-1)。

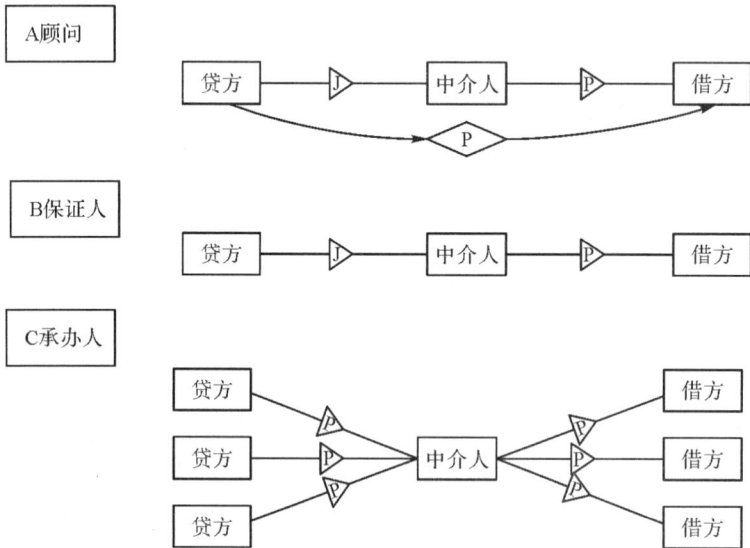

图 3-1　三种信任中介

在信任中介充当顾问时,J 代表贷方对信任中介能力和诚意的判断,代表的是作为顾问的信任中介的可信度,P 代表中介人对借方的履约能力和诚信的判断,中介如果对借方的评价度高,信任发生的可能性大。但由于在这种信任关系中,中介只是起顾问作用,如果借方违约,中介只损失声望,没有资源的损失。因此,贷方自己仍然需要对借方的履约能力和诚信进行评估。

在信任中介充当保证人和承办人时,中介人起到了保证担保作用,因此,中介人首先要对借方的履约能力和诚信水平进行评估,确信其符合信任条件,潜在风险较小或在可控的范围内。贷方也要对中介人的履约能力和诚信水平进行评估,每阶段的信任水平都影响着信任关系的发生。但是承办人角色与保证人角色有着重大差异,因为作为承办人角色来说,借贷双方都呈发散性,信息不对称严重程度增强,运行过程中的逆向选择和道德风险增大。

3.基于第三方的信任

与保证人中介方式相似,还有一种信任,那就是基于第三方的信任,即担保信任。在现实的民间金融活动中,基于第三方的信任十分重要而常见。如果借款人自身信用水平较低,或者贷方认为借款人的信用不足以偿付风险,就出现了风险敞口,为了减少风险,就要求追加第三方担保,以第三方信任的方式提高信任水平。基于第三方的信任与保证人中介存在的重大差异是第三方不参与交易,但在经济系统中,基于第三方的信任有向保证人中介发展和过渡的可能。

第三节　民间金融的履约机制和纠纷解决

一、民间金融的履约机制

农村民间金融的履约机制主要包括借款人的筛选、担保和契约约束、声誉约束、社会惩罚和法律手段等。

1.借款人的筛选

农村民间金融主要在农村范围进行组织运行,组织的地域性使得民间金融具有良好的信息优势,可以通过所掌握的非财务信息分析判断借款人偿债能力和借贷风险。农村民间金融往往深入农村,具有良好的地域优势,可以充分利用各种非正式渠道和道听途说掌握借款人的各种"软信息",主要包括借款人家庭的基本情况、诚信历史、不良偏好、收支水平、已有债务和还债压力、还款来源和保障等,通过各种"软信息"的收集和检验,评估借款人的借款用途、诚信和还款能力,并采取筛选和甄别,对不符合条件的借款人、资信不良的借款人、还款能力有问题的借款人,予以主动拒绝,确保借贷的良好履约。

2.担保和契约约束

农村民间金融的担保形式灵活而多样,除第三方承诺外,还有实物和权利、关联契约、隐情约束等。民间金融的担保可以是有形担保,也可以是无形担保。就有形担保来说,担保物品不但包括房产、土地等固定资产,农机具、汽车等流动资产,还包括农作物收成、债权等收益权和存款、股票等权利凭证。无形担保主要包括关联契约、隐情约束等。关联契约实际上是将其他市场上的交易纳入借贷契约中,将其他市场上的未来收益权作为担保写进契约条款之中,是一种把未来收益作为借贷的担保。隐情约束也称社会担保,就是将借款人的社会资源与履约相联系,如果借款人一旦违约,贷方将对借款人的主要社会关系采取制裁手段,或者将借款人的不良行为告知其重要社会关系人(如借款人的恋人、核心朋友、商圈等),将其失信行为在社会上进行扩散而影响其后续声誉等。

3. 声誉约束

声誉虽然是基于以往的交易,但对未来的交易成败也起到了重要的参考作用,声誉良好有助于未来交易,如果声誉恶化,则寸步难行,因此声誉能起到一种对显性契约的替代作用(黄晓红,2009)。在信息对称的环境中,声誉被看作是一种资产,是可以赢得未来交易对象的信任而获得盈利的社会经济资源。在信息不对称的环境中,声誉表现出未来交易对象对其偏好或可行性行动的概率信念。特别当借贷双方具有血缘、亲缘、地缘等强关系时,声誉更能发挥出强大的约束作用。如果双方是弱关系,声誉则发挥了抵押担保的作用,可以充当民间借贷的担保物(赵丙奇,2013)。在重复博弈条件下,借款一方如果违约,除了不能得到贷方第二次和后续融资支持、违约惩罚以外,还会被处以声誉惩罚,即将其失信信息在乡村范围内广泛传播,影响到乡村范围内的其他相关关系人对其信用和人品的判断,影响到其可能获得的信任,这些信任不但包括融资信任,还有商业合作和交易信任,甚至是生活信任。因此,在农村民间借贷中,借方除非陷入财务困境,一般都会主动履约。但是,在以欺诈为目的或以高利为诱饵的非法集资、非法合会和非法借贷中,由于缺乏声誉机制发挥作用的重复博弈条件,声誉效应作用较小,甚至没有作用。

4. 社会惩罚约束

在农村民间借贷中,如果借方违约,将面临严厉的社会惩罚。社会惩罚方式主要有道德和舆论谴责、暴力手段、群体惩罚和连带惩罚。

第一,违约者会受到道德和舆论谴责。农村有句俗语:有借有还、再借不难,这说明借钱不还是一种不道德的行为,当违约的信息在乡村传播后,违约的一方的声誉就会受损,就会受到道德和舆论的谴责,甚至会累及家人和子孙,这种软性惩罚具有很强的威慑力,在农村范围具有较强的约束作用。但在流动性很强的社会,道德和舆论谴责就会减弱,并且随着社会流动性的增强和陌生程度的提高,其作用的衰减会加速。

第二,违约者将面临暴力手段威胁或者惩罚。按照诺斯的解释,口头威胁和暴力行动都属于暴力手段。在借款人违约后,借出方往往会先采取理性的方式进行追讨,当多次催讨没有效果时,就会采取非理性的暴力手段,甚至会雇佣社会歹徒进行追债。在温州"黑会"事件中,在会首出逃后,愤怒的村民追到其家中,抢劫剩余财务、烧光其房产、威胁其家人,各种刑事案件就是暴力追债的结果。已有的案例证明,暴力手段是民间借贷中经常采用的追债方式和手段,具有强烈的威慑效应(吴少新等,2007)。

第三,违约者可能遭受群体惩罚和连带惩罚。群体惩罚产生于尤努斯格莱敏银行的实践,在小组贷款中,如果有一人违约,就对小组成员实施群体性惩罚,如果该借款人不偿还贷款,该小组的其他成员就不能获得贷款。在我国古代,往往采用"连坐"的方式实施群体性惩罚,在农村借贷中,"联保贷款"的运作机制就是一种群体性惩罚。除群体惩罚外,还有连带惩罚。中国有句古话叫"父债子还",如果借款人违约,贷款人还会向其父母、子女进行追偿,或采用声誉威慑,或上门追债,或扰乱其生活和生产,对他们实施连带惩罚。

5. 法律手段约束

民间借贷主要运用声誉惩罚、社会惩罚等手段,不会像银行机构一样主要运用法律诉讼手段。但是,随着我国法制建设的加快,广大民众的法制意识逐渐增强,除在借贷中要出具借条或契约等书面凭证(书面凭证中还会规避最高不超过 4 倍的利率限制),并且,一旦借款人违约,还会以借条或契约作为凭据提起诉讼,利用法律手段维护自身的权益。

二、民间金融的纠纷解决机制

(一)民间金融纠纷的一般解决机制

费孝通(2003)、梁治平(1996)等人研究发现,民间金融的很多纠纷,都是通过法律以外的途径解决,传统习惯和民间规范在民间纠纷的解决中发挥出了十分重要的作用。民间规范是在长期社会生活中根据宗教、道德、伦理等形成的民间规则,传统习惯是基于民间规则长期形成的一种规范性习惯,都具有规范性的作用(王新生,2010)。Drobak 认为规范能像正式的法律规则一样指导人们的行为和社会交往。规范会让人们遵守法律,在人们的利益出现冲突时,规范能像法律一样发挥出判决作用,在民间金融纠纷中,习惯与规范也是解决纠纷的一般规则,从而发挥出诺斯所说的"社会稳定黏合剂"的作用。但社会规范的治理效果依赖于良好的社会道德风俗,良好的社会道德可以发挥出教化与培训、规范与约束、倡议与引导、激励与惩戒的作用(李茂平,2011)。如果社会道德沦丧和恶化,民间金融纠纷仅凭传统习惯和社会规范难以得到调和和解决,此时,更多的是需要法律的协调和解决机制。

在现阶段,随着农村居民的法制意识增强,利用法律武器来维护自身权益和解决纠纷的意识普遍增强。但存在以下几个障碍:一是缺乏书面凭证,亲友之间的借贷往往是口头协议,没有相应的契约和凭证,法律诉讼时存在举证困难;二是在农村,打官司往往被认为是没有脸面的事,起诉的追债效果虽比较好,但诉讼对关系和人情的损伤也很大,除非迫不得已,往往不会采用法律诉讼手段;三是存在高额的诉讼成本(包括举证费用、律师费用、审理费用),小额标的的民间借贷难以承担高额的诉讼成本,并且,在多方追债无果的情况下,借方没有偿债能力和偿债资源,即使官司打赢也无法执行,高诉讼成本和低执行效率往往会出现赢了官司却赔了钱的情况,因此,在民间借贷纠纷发生时,采取法律诉讼的比例仍然不高,借出方往往是通过自己、乡村权威或其他第三方解决。

（二）民间金融异化发展与纠纷解决

随着民间金融的异化发展,民间金融的参与对象逐渐多样化,更有一些组织以电视、报刊、街头小报、网络广告等媒体广告的方式进行财富和收益的宣传,参与对象已经演变为跨地区甚至是跨区域的广大公众,导致原先以血缘、地缘、业缘为基础的互助性融资演变为以高额营利为目的的逐利性融资,并且范围和规模不断扩大,民间金融原有的机制逐渐失效,其直接后果是纠纷不断增多,冲突不断扩大,民间金融纠纷的解决方式也发生了变化,逐渐从民事纠纷演变为群体性事件。近几年所连续发生的非法集资案件中,涉案的民众范围普遍较大,他们在非法集资案件中都遭受了损失,所以,他们都有共同的利益基础和诉求基础,具有集体行动的力量。他们在向集资者追偿无果以后,就把矛盾指向政府,认为是政府监管不力,才使他们遭受损失,于是他们利用上访、游行、围攻政府、堵塞交通等方式向政府施加压力,要求政府出面解决其损失问题,民间借贷纠纷从商事纠纷演变为具有政治性的群体性事件（童列春,2011）。

民间金融异化发展的背景下,民间金融的纠纷已经从单纯的民事纠纷演变为群体性事件,其纠纷的解决,也从民商纠纷的解决演变为政府对危害社会安全的稳定的群体性事件的解决。伴随着民间金融的异化发展,民间金融的风险不断累积和暴发。

第四节　信任危机和民间金融机制的脆弱性

一、转型期的社会信任危机

在社会学或经济社会学研究中,很多学者都意识到中国的社会信任问题,张维迎（2003）也指出,"我们不得不承认,中国现阶段存在很大的信任危机"。转型期的中国,社会主义法治建设还在不断推进过程中,而文化和信仰的缺失、各种失范失信的行为,都在影响着农村社会的信任,目前的农村社会存在着各种不同程度的信任危机（侣传振,2007）。从总体上看,我国的社会信任危机主要表现在人际信任危机、组织信任危机、制度信任危机。

（一）人际信任危机

传统的中国乡村是一种乡土社会熟人社会,信任的产生以血缘、地缘和业缘为基础,但随着中国社会流动性的增强,基于重复博弈的信任关系断裂,除血缘关系外,出现了对"陌生人"信任的普遍弱化。另一方面是由于各种欺诈行为的猖獗,如网络诈骗、电话诈骗、短信诈骗等,造成人际关系的弱化甚至是走向人际信任的危机。

（二）组织信任危机

组织信任危机主要表现在对政府组织的不信任、对商业组织的不信任。近年来频频曝光的环境污染、贪污腐败问题,严重影响了政府执政为公的形象。对商业组织的不信任是经济领域的社会信任问题,是我国经济快速发展下的结构失衡和病态的表现,由于多方面原因,商业信任缺失问题十分严重。近年来,在我国商业领域,各种假货和商业欺诈泛滥成灾,特别是食品质量安全问题、老板跑路问题,加深了民众对商业组织的不信任。

（三）制度信任危机

制度包括正式制度、成文法、正式的社会惯例、非正式的行为规范、共同秉持的对世界的信念,以及实施的手段(诺斯,2013)。就正式制度来说,政策失位、政策失公、执政不力、执政不公、无法可依、司法不公等,都有可能引发对正式制度的信任危机。在广大农村,农民一方面对法律不懂,对制度不熟悉,另一方面,也因为基层政府的各种不当、不公的执政行为,使得农民失去了对法律、制度的绝对信任,而持一种非常谨慎和保守的信任态度(闫金山,2007)。农村居民的流动性增强以后,传统习惯和民间规范的约束力下降,而人际信任危机、商业信任危机、政治信任危机、政策信任危机,又进一步导致了信任危机,使得非正式制度的信任也出现了危机。

二、民间金融机制的脆弱性和信任危机的影响

（一）民间金融的脆弱性

1933年,美国货币学家埃文·费雪在"债务与金融脆弱论"中提出金融具有脆弱性的特点。后来,明斯基对金融脆弱问题进行了相对比较系统的阐述,强调金融在经济中的核心作用和银行信用扩张对经济繁荣的推动作用,但是,银行信用在推动经济繁荣时,如果信用扩张过大,社会经济发展过热,作为银行信用的提供者将面临综合性的风险影响,脆弱性也就更加明显。预期具有不确定性,是非理性的,在非理性的预期作用下掀起的投机狂潮(明伟,2012),加剧了金融脆弱性。金融机构本身具有内在的脆弱性,如果再加上经济过热、投机过盛等外部影响,在内外因的共同作用下,将进一步加剧金融系统的脆弱性。

民间金融也是以借贷为主要内容的组织和活动,是一种以时差为存在前提的信用活动,一方面,信用的经营方式本身具有脆弱性,另一方面,金融系统容易受外

部因素如宏观经济环境、实体经济健康水平等各种因素的影响,具有风险累积的特点,内外结合,脆弱性明显。

1.民间金融的信任机制具有脆弱性

信任是民间金融运行的基础机制,但不管是特殊信任还是制度信任,都是基于历史信息的一种判断,这种判断带有一定的主观性和情感色彩,具有一定的风险性和不稳定性。并且信任是以信息为基础,信息的不对称却是一种广泛的存在,即使在具有血缘关系的个体之间,信息仍然是不对称的,信任的信息基础缺乏。在社会信任危机的条件下,人际信任、组织信任和制度信任都出现了危机,民间金融的信任机制愈加脆弱。

2.民间金融的履约机制具有脆弱性

农村民间金融的履约机制主要包括借款人的筛选、担保和契约约束、声誉约束、社会惩罚和法律手段等,除法律手段外,都是以非正式制度为基础,但民间金融大多处于隐蔽和地下状态,交易方式简单,契约不全。民间金融凭借关系型融资,依靠"软信息"进行信贷决策判断,不能像交易型信贷一样进行完善的项目论证和信贷风险分析,信贷技术上存在缺陷;而简单的甚至没有书面契约的借贷合约,也会存在法律诉讼时的举证困难,一旦出现纠纷,将难以受到法律的保护(杨福明,2014)。并且,在社会出现信任危机时,声誉和社会规范的约束力下降,民间金融的履约机制的执行力脆弱。

3.民间金融的利率机制具有脆弱性

除互助性借贷和亲朋之间的借贷外,影响民间金融利率高低的因素主要有亲疏关系、借贷用途、借贷期限、银行利率等,容易受到资本逐利性的影响,在近几年所暴露的民间融资风波中,民间资金都是在高利的诱惑下,从事风险性融资。从温州、神木、泗洪等案例来看,大量民间资金都是在中介高利的诱惑下投向投机性领域,收益高,但风险也大,相应的民间金融活动十分脆弱。

(二)信任危机加剧民间金融的脆弱性

人际信任危机、组织信任危机和制度信任危机,损害了伦理和道德规范,降低了法律和制度的权威性和执行力,影响了社会经济运行的正常秩序,对社会的和谐健康发展构成了负面影响(史根洪,2009),甚至对整个社会安全构成了严重威胁(冯仕政,2004)。信任是民间金融组织和运行的基础,而信任危机将对民间金融的稳定健康发展产生负面影响,加剧其脆弱性。

1.信任危机动摇了民间金融的信任基础

民间金融的信任在乡村社会的"差序格局"中发生,依赖于人际关系和道德规范,正是由于人际关系和道德规范的存在,民间金融虽然不规范,但却有很高的履约率,也发挥出重要的促进农村经济发展的作用。但人际信任危机,使得人与人之间的信任缩小到血缘范围,互助性的民间借贷范围明显收窄,血缘关系之外的借贷具有了逐利性特点。信仰和道德危机使得传统习惯和社会道德规范的约束力降低,民间金融纠纷增多。根据浙江温州市中级人民法院披露,2012 年 1 月至 7 月,全市法院民间借贷的收案共 12035 件,相当于 2011 年全年的案件数,比 2007 年增加了将近 3 倍,平均每天就要有 56 起民间借贷纠纷案件[①],对温州这个熟人社会的信任机制构成严重伤害。

2. 导致民间金融的无序性发展

信任危机的背后是伦理和道德的沦丧,没有强有力的伦理道德约束下的民间资金,通过各种渠道和途径寻找利润,在高利的诱惑下,各种资金纷纷涌向融资性担保公司、非法"合会"、非法集资等,甚至有相当部分的银行信贷资金也变相进入民间融资领域,民间融资规模不断扩大,利率居高不下,民间金融陷入乱序发展状态,蚕食实体经济的利润和健康。疯狂发展的民间金融,在融资方资金链断裂并跑路后,往往演变为群体性事件,严重扰乱社会安全和稳定。

3. 信任危机加剧了融资难问题

社会信任是金融体系良性运行的重要基础,当社会信任缺失时,金融机构对借款人的个人品行和依靠个人品行的"软抵押"失去了信心,普遍要求提供以房产、资产为代表的"硬抵押",进一步加剧了农民和农村中小企业的融资难问题。由于缺少抵押,很难从金融机构获得贷款,农民和中小企业融资难;如果以小微贷款方式获得银行贷款支持,该项贷款的利率也高于一般银行贷款利率,如果没有抵押,则贷款利率更高。融资难和融资贵,把相当一部分的农民和中小企业推向了民间借贷。在高利进一步蚕食其健康以后,农民和农村中小企业的融资问题将进一步突出。

小　结

利率是民间金融市场的"无形之手",利率是民间金融的动力机制。从理论上分析,利率的高低主要受借贷成本、借贷期限和借贷风险等因素决定,但在民间金融中,利率还受双方的感情、借贷风险、周边借贷利率等多种因素的影响,在实际借贷中存在低利率、中等利率、高利率三种情况。

民间金融的利率决定因素很多,但综合起来,主要是供需双方的因素。就供给

---

① 佚名《温州民间借贷调查——前 7 月平均每天 56 起借贷纠纷》,http://money. 163. com/ 12/0903/22/8AGTJAK600252G50. html。

方面的因素来说,主要有民间借贷资金供给水平、民间借贷风险、民间借贷机会成本和其他因素,其中民间借贷风险又受借款人的人品、借款人的经济实力、借款资金用途、借贷期限、抵押或担保等因素的影响。民间金融利率决定的需求因素来说,主要是银行信贷规模和贷款的可得性、银行贷款成本、借贷的比较收益。

信任机制是民间金融运行的基础机制。民间金融的基础是非制度信任,但随着我国法治建设的推进,对民间金融立法的加强后,民间金融中的制度信任成分逐渐增强。民间金融的信任关系分为相互信任、基于中介的信任、基于第三方的信任等。信任有助于减少风险和不确定性因素的影响,促进民间金融交易的顺利进行和民间金融的健康发展。

履约机制是民间金融的市场机制。农村民间金融的履约机制主要包括:借款人的筛选、担保和契约约束、声誉约束、社会惩罚和法律手段等。

纠纷解决机制是民间金融的稳定机制。民间金融纠纷一般是利用传统习惯和社会规范予以协调和解决,在现阶段,随着农村居民的法制意识增强,利用法律武器来维护自身权益和解决纠纷的意识普遍增强。但在民间金融异化发展的背景下,民间金融的纠纷已经从单纯的民事纠纷演变为群体性事件。

在现阶段的中国农村,文化和信仰的缺失、各种失范失信的行为,都在影响着农村社会的信任,从总体上看,我国的社会信任危机主要表现在:人际信任危机、组织信任危机、制度信任危机。信任是民间金融组织和运行的基础,而信任危机将对民间金融的稳定健康发展产生负面影响,加剧其脆弱性。而现阶段的农村民间金融处于非理性状态,一旦发生风险,很容易演变为群体性事件,影响社会的安全和稳定。

第四章
农村民间金融的非理性繁荣与风险

第一节　农村民间金融的非理性繁荣

一、金融市场的理性与非理性

"理性经济人"是主流经济学的基本假设,理性经济人假设是以完全理性和信息对称为前提,"完全理性"要求人具有"偏好一致性"和"全知全能"特点。但理性决策理论并不能有效解释形形色色的人类选择行为,因此,遭到了新制度经济学、行为经济学、实验经济学等非主流经济学的批判。非主流经济学在有限理性的框架内,认为认知、信息和环境等因素对人的心理和选择行为产生影响,导致人类的实际选择行为与理性决策之间会产生系统性偏差。

何大安(2005)认为人的决策行为是理性和非理性的交叉或混合,在面临事件决策时,有时进行理性思考,有时会放弃理性思考,而选择非理性决策。金融市场的交易选择中,如果市场运行平衡,缺少投机机会或投机风险大于收益时,投资者往往趋于理性化,而当市场波动剧烈,存在较多的投机机会或存在较大的风险溢价时,投资者很容易趋于非理性化选择。

在金融市场交易中,投资者对风险的态度可分为"风险厌恶"和"风险偏好","风险厌恶"对应于效用最大化的理性选择,"风险偏好"对应于主观心理感受的非理性选择。风险厌恶型投资者在进行每一次投资选择时,都会进行理性思考,都会对风险、成本与收益进行衡量后进行决策和选择。令 U 为有限理性下的理性选择,X、Y、Z 分别代表认知能力、信息、环境的不确定性,则其理性选择函数可以表达为:

$$U = f(X, Y, Z)$$

"风险偏好"在决策过程中,会由于相似性偏差、可利用性偏差和从众行为,会导致决策行为产生系统性偏差。令 V 代表非理性选择,W、X、Y、Z 分别代表相似性偏差、锚定效应、可利用性偏差和从众行为,则以风险偏好为基础可以建立非理性选择函数的表达式为:

$$V = g(W, X, Y, Z)$$

如果 U>V,则投资者为理性选择;如果 V>U,则投资者为非理性选择。

二、民间金融的非理性繁荣

民间金融交易决策是一种典型的理性与非理性的交叉混合。对亲朋之间的友情借贷,情感因素和心理因素占主导地位,贷方在进行决策时无法完全依赖理性进行选择,即使知道借出后资金难以收回,也会将借贷资金作为情感维系的沉没成本而付出。对陌生人借贷时,贷方往往偏向"风险厌恶"型,即使有中介人并且中介人具有良好的信誉或提供担保时,贷方也会利用可得的信息进行理性选择。

但在目前的高息民间借贷、影子银行和互联网金融的发展中,却是一片非理性繁荣景象,广大民众在高利诱惑面前,都采用非理性选择进行决策。

1. 民间借贷规模加速扩张

随着社会经济的发展,农民和农村中小企业在难以充分获得正规金融机构的融资情况下,普遍展现出了"融资饥渴症",纷纷转向民间融资。李建军(2010)经过测算认为,在 1978—2008 年的 30 年间,中国未观测信贷规模从 40 亿元左右扩大到 5.4 万亿元左右,年平均增长率为 17.8%,几乎达到同期银行贷款规模年平均 18.4%的增长率水平。在 2011 年 6 月末,温州民间借贷的时点余额规模约为 1100 亿元。2010 年鄂尔多斯市民间融资占到全市金融机构存贷款余额的 16.3%,达到约 540 亿元的规模(中国人民银行鄂尔多斯市中心支行课题组等,2011)。2010 年以后,民间借贷规模更是扩张迅速,截至 2014 年末,全国民间金融市场达到超过 5 万亿元的规模(李文龙等,2015)。

2. 借贷主体多元化

随着民间借贷的发展,民间金融主体趋向于多元化。从借款者来看,有农民个人、农村种植户、个体工商户、中小民营企业,甚至部分股份制企业、三资企业也参与了民间借贷;从资金的供给来看,资金宽裕的农民、城镇居民、机关干部、农村种植户、个体工商户、中小民营企业,甚至部分银行机构的工作人员也参与了民间借贷。

3. 职业化逐利性借贷发展

2008 年金融危机以后,中小企业由于贷款难问题,普遍出现了"融资饥渴症",职业化逐利性借贷逐步蔓延,地下钱庄、票据贴现、信用卡还款、贷款转贷等各种职业化逐利性借贷模式大量出现。在民间逐利性借贷的影响下，亲友之间的互助性质的借贷相对萎缩，而逐利性、高利性借贷却明显增长。有资料显示，在浙江温州，不但亲友之间的借贷利率达到了月息2分，担保公司或"老高"所发放的借贷利率更是在3分到8分之间，极端的民间借贷利率甚至达到了月息3角以上（杨积堂，2012）。据中国人民银行宁波市中心支行监控的民间借贷利率显示，2010年第二季度宁海县民间借贷利率高达27.06%（胡琼天，2011）。

4.民间融资流向呈现投机性

传统的民间金融资金用途以消费性为主，主要是为了满足日常生活中的婚丧嫁娶及临时性的消费资金需要。随着民营经济的发展，民间资金广泛进入民营企业的生产经营，民间金融资金逐渐以生产性为主，并进而走向投机性"投资"，如"炒房""炒钱"，通过各种投资渠道追求利润，民间融资呈现很强的投机性，并导致产业的"空心化"现象。据中国人民银行温州市中心支行调查结果显示，通过民间借贷所获得的资金，其资金投向中，用于生产用途的占35%，用于房地产投资用途的占20%，过桥融资①占20%，民间融资中介借款占20%，其他用途占5%（东航金融等，2012）。

三、农村民间金融非理性繁荣的原因

（一）向他人学习和羊群效应

羊群效应是指在策略互促性博弈中，经济人的边际回报随其他人采取相同行为而递增，人们的行为会趋于一致的情况（Xavier Vives，2008）。当羊群效应存在的时候，人们往往不顾自己的私人信息而去模仿前人的行为。并且，经济人会同时通过口口相传和向邻居进行学习。在民间金融活动中，邻居或乡邻通过居间借贷、合会、影子银行、互联网金融投资而获利的消息，无疑会成为其他人模仿和学习的对象，在前人成功行动的"带领"下，广大民众看到了民间金融投资的诱人收益，而忽视了背后的风险和高昂的风险成本，从而推动了民间金融的非理性繁荣。

（二）媒体和文化的因素

Robert J.Shiller（2005）认为媒体和文化在股市和房地产的泡沫化发展中起了重要作用。在我国，传统媒体和新媒体都热衷于报道股市、房地产等各种信息，塑造、报道和推送各种财富神话，马云、王健林、董明珠、雷军等都是媒体报道的热点。这些报道，一方面激发了广大民众对财富的渴望，使整个社会都在追求财富，而忽略了伦理和道德；另一方面，也使民众迷信民间融资组织所虚构的财富项目，

---

① 过桥融资即银行贷款还旧借新，借款用途为还贷，还贷后贷出贷款再还民间借贷。

因此,媒体和文化同样助推了我国农村民间金融的非理性繁荣。

(三)高利贷习俗

在民间借贷产生后不久高利贷就出现了,虽然高利贷具有盘剥无度的负面影响,但在人们有所结余或经济宽裕以后,总倾向以高利贷的方式来获得财富的更快增长,高利贷成了长期沿用的一种借贷习惯。在金融体系并不发达的封建社会,穷困农民所能依靠的借贷方式就是高利贷,高利贷虽然也能在一定程度上缓解生产或生活中的资金困难或不足(李金铮,2005),但是其借贷利率奇高,借了高利以后,会陷入更深的债务深渊,但由于没有其他借贷渠道,如果不通过民间借贷融资,可能面临马上的破产,所以,农民尽管痛恨高利贷,但在生活极度艰难时,也不得不借高利贷。现阶段,在我国金融体系已经逐步完善的前提下,高利贷在农村仍然大量存在,与人们的借贷习惯不无关系,农民在生产生活艰难时,中小企业在融资饥渴时,都会选择高利贷以渡难关。

(四)中小企业融资饥渴

中小企业由于经营风险大、缺乏抵押担保等原因,银行贷款总体获得率低,无论是在货币政策宽松时期还是在紧缩时期,银行贷款作为一种紧缺的资源总是流向优势产业。如果中央银行采取紧缩货币政策,信贷配给进一步地向优势企业倾斜,中小企业的信贷获得率进一步降低,融资状况进一步恶化,中小企业急需融资支持,却没有合适的融资渠道,呈现出融资饥渴状态。中小企业面对融资问题,即使有订单也无钱生产,部分中小企业因没有资金走向破产倒闭,部分中小企业为生存走向民间借贷,促使民间借贷的兴旺,也推动了民间借贷利率的上涨。据调查,2012 年第二季度,32.91% 的小微企业发生过民间融资行为,平均年化利率为21.46%(中国人民银行调查统计司,2012)。民间借贷的高利诱惑,造成了全民借贷和职业性借贷的发展。

(五)民众对财富的渴望

农村民间金融非理性繁荣的重要"推手"是高利,广大民众由于自身对财富的渴望,寻求一切的发财机会,而忽略了背后的风险,也忘记了伦理和道德的约束,只要有发财机会就蜂拥而上。在这种状态下,广大民众一方面会放弃互帮互助的传统美德,另一方面,也容易受到高利的诱惑,助长农村民间融资的发展,但在出现风险后,却将责任推到政府监管不力的原因上。

(六)政策方面的原因

在民间金融异化发展中,政府负有不可推卸的责任,主要表现在以下几个方面:

1.利率定价的非市场化

我国存款利率仍执行中央银行所制定的统一的利率政策,在物价普遍上涨的前提下,呈现负利率现象。负利率一方面导致居民存款转向高回报的投资品种,引发了"炒房"等各种投机行为,另一方面,存贷的巨大利差空间,也促使各种经济组织违规参与民间借贷,企事业单位员工甚至是国家公务员参与民间借贷,大中型国有企业利用银行贷款转投民间借贷。中国人民银行浙江温州市中心支行在 2011年第二季度的调查表明,在温州民间的投资选择中,占前四位的主要是民间借贷、理财产品、实业投资、房地产投资,其中,民间借贷占首位,因为"炒钱"比"炒房"来钱更快(见图 4-1)。

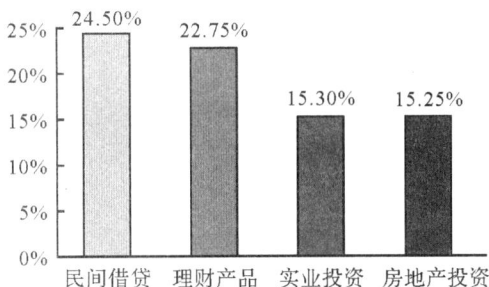

图 4-1 温州居民投资结构

2.金融监管不力

无论对银行,还是对民间金融,政府监管都存在力度不够的问题。近几年,银行机构膨胀,地方性银行机构纷纷到异地开设分支机构,银行机构重复严重,业务雷同,导致了银行机构之间的无序竞争,其中最为严重的是存款竞争。银行信贷业务人员为了完成存款指标,将存贷挂钩,没有存款积数就不能获得贷款,而中小企业没有存款,只能是两种结果,或者是不能获得贷款,或者是向民间金融机构买存款积数,催生了"卖存款"、帮客户存积数的民间金融机构。民间金融虽然具有悠久的历史,并且,在日常社会经济生活中普遍存在,但一直以来,我国没有明确的民间金融监管主体,存在的状况是谁都能管,却又谁都不想管。中国人民银行虽然很早就建立了对民间金融的监测体系,但却缺少对民间金融监管的法律依据,也缺少监管力量,没有监管的民间金融必然会处于无序发展状态。

3.长期抑制的金融政策

长期以来,政府采取利率限制、信贷配给等政策直接干预农村金融市场,抑制了农村金融的发展,形成了城市金融与农村金融、农村金融与民间金融的"双重"二元金融结构,导致了农村金融服务体系的金融服务能力弱化,农村金融服务和产品供给不足。并且,现有农村金融机构存在较为严重的"非农化"经营倾向,将从农村市场吸收的存款投放到城市或非农领域,进一步减少了农村信贷供给水平,旺盛的农村金融需求得不到信贷满足,催生了农村民间金融发展。并且,农村民间金融往往在法律的边缘生存,得不到法律和政策的允许,也没有法律和政策的规制,民间金融在"地下"无序发展,无法规范化和"阳光化"经营。

(七)农民素质的原因

我国农村居民受教育的水平普遍较低,贫困地区的情况更为严重,经抽样统计,未上过学、小学、初中文化程度的人占 6 岁以上总人口的 72.16%。[①] 受综合素质的影响,农民没有系统掌握法律法规,对民间借贷的禁止性规定并不完全了解;农民对国家宏观经济和金融政策缺乏了解,对政府的民间金融政策无法了解;农民一般只有简单的储蓄、贷款和银行卡知识,对如何投资理财,对投资风险如何去识别,缺乏系统性的知识,也缺乏理性投资分析技术。逐渐富裕起来的农民,为了追求自身财富的增长,容易受到高额利息的引诱,参与"抬会"、非法集资等各种违法金融犯罪活动。

第二节　农村民间金融风险的一般分析

一、民间金融的风险类型

1.信用风险

信用风险是指由于借款人财务状况恶化而不能或不愿偿还借款本金、支付利息的风险。信用风险的产生主要由于两方面的因素:一是借款人品德问题,借款人故意隐瞒自身的财务状况,构造虚假的资金用途,夸大资金收益,骗取资金;二是借款人偿债能力问题,借款人由于经营环境恶化、经营失策、投资失败等多种因素造成财务恶化,无力偿还借款。

在农村民间金融主要局限于向基于血缘、地缘的亲朋、邻居提供融资支持时,贷出方对借款人掌握相对全面的信息,通过各种信息可以较好地判断其履约能力,根据其履约能力提供相应的融资额度。并且,借贷双方是一种长期合作关系,存在着多种重复博弈,还有亲情友情关系的制约,因此,不容易违约,即使违约,也容易采取措施有效地进行惩罚,还可以通过疏离关系淡化感情有效降低违约风险(张前程等,2010)。

---

① 根据中国统计年鉴 2014 年有关数据计算得出。

但是,随着农村民间金融的异化发展,民间金融的规模不断扩大,民间借贷的参与主体更加复杂和多样,已经突破了原来的血缘、地缘、业缘关系,借贷逐渐扩大到陌生主体之间,借贷双方之间的信息不对称问题十分严重,融资中介和融资方会有意隐瞒资金的真实用途,而夸大利息收益,广大民众无法对融资方的信用、项目的可行性、偿债资金来源、偿债保障等因素进行审查,所能接触到的信息也可能是虚假的信息,无法识别信用风险。在此类的民间融资活动中,借贷是单次博弈,民间金融的信任机制被破坏,逆向选择和道德风险在所难免,声誉和社会规范没有有效的约束力,信用风险凸显。

2. 市场风险

市场风险是指由整体政治、经济、社会等环境因素对金融活动所造成的影响,涉及不可预期的价格或费率变化所带来的风险,以及整个市场范围内爆发流动性违约或链式违约的风险(冯兴元,2013)。就民间金融来说,市场风险主要表现为政策和法律风险、经济波动风险等。

政策和法律风险主要是指政府政策和法规对民间金融组织和活动的限制、取缔等政策变化而使其蒙受损失的可能性。由于民间金融的涉众性,并且,长期以来,我国存在对民间金融的"非正规性""非法性"的认识,导致与民间金融相关的政策具有非连续性的特点。政策和法规的非连续性,使民间金融的发展失去稳定预期的基础,加大了不确定性,市场风险也随之增大。

经济波动主要是由于经济周期性波动,而导致民间金融损失的可能性。民间金融是一种金融活动形式,其业务活动的对象仍然是货币和信用。货币和信用的风险与实体经济和投资的风险紧密相连,而实体经济和投资的风险与经济周期的波动紧密相连。因此,在经济发展态势良好的时候,民间金融的风险暴露较少,而在经济下行的时候,民间金融的市场风险就频繁暴露。民间借贷市场的资金链条十分复杂,从资金来源来说,既有来自居民个人的工资性收入、投资性收入,也有来自民间借贷利息收入、其他借贷资金投入,从资金用途来说,可能是生产性用途、生活性用途和投资性用途,复杂的资金链和人际关系,使得民间借贷十分脆弱,某个环节的断裂,就很可能引起整个资金链的断裂(阳晓霞,2011)。从浙江温州蔓延到全国的民间借贷危机和老板"跑路"事件,充分说明了民间借贷的市场风险。

3. 运营风险

运营风险是指民间金融组织在经营过程中由于自身管理的缺陷而出现决策失误、系统失灵、交易错误、欺诈、违规经营等风险。相对于正规金融机构来说,民间金融组织内部管理体制不健全,内控措施不到位,内部人控制现象严重,容易出现决策失误、系统失灵、交易错误等问题,部分民间金融组织为了追求短期利益,违规经营,欺诈客户,加大了其运营风险。近期迅速兴起的互联网金融,其倒闭速度很快,倒闭数量很多,就是其运营风险没有得到有效控制的表现。

二、几种主要民间金融模式的风险分析

(一)个人借贷模式的风险

个人借贷是农村最普遍、最常见的借贷形式,主要是为了解决临时性资金不足而进行的借贷行为,分有息和无息两种。熟人或亲朋之间,虽然有息借贷的比例已经有所上升,但从总体上来看,高利的比例不高,书面借条不多,即使贷方认识到书面借条在借贷纠纷解决的重要性,但毕竟有人情关系为背景,并且打借条从侧面反映出对借方的不信任,因此"口头协议"的方式仍然比较普遍。

民间个人借贷的风险主要是信用风险。信用风险产生于以下两方面:

一是对借款人的信用评估不足。如果是亲朋之间的借贷,由于亲情、友情关系的存在,借贷是出于帮忙的心理,对借款人的偿债能力不会做认真评估,即使认识到借款人的偿债能力有问题,也会在一定程度上牺牲自我利益进行帮助。如果是中间人介绍的借贷,往往是出于牟利目的,贷方主观上会认真评估借款人的偿债能力,但其信息来源主要为中介人,中介人出于各种目的会进行信息筛选和隐瞒。如果是通过第三方进行信息收集和了解,也同样会存在信息的隐瞒和选择问题,信息仍然是非对称的,非对称的信息,会使贷款无法科学评估借贷风险。

二是借款形式不规范。民间个人借贷通常只有口头协议,即使有书面借据,也只是记载借款人、借款金额和日期等简单信息,对借款利率、借款期限、借款用途、偿债方式、违约责任等记载不清或没有,一旦出现借贷纠纷,贷方的举证就十分困难。

(二)职业放贷人模式的风险

职业放贷人被称为"老高",主要是以放贷获得高额利息收入为目的的自然人。相对于个人借贷来说,职业放贷人普遍具有较强的风险意识,都要求打借条,并且在借条中会约定借款金额、借款期限、借款利率,要求有担保人,部分放贷还要求房产抵押,办理房屋他项权证。除借贷外,"老高"还从事"过桥贷"①业务。

虽然借款形式相对完备,部分借款还有抵押和担保,职业放贷人所面临的信用风险仍然存在:

一是借款人的信用条件并不良好。借款人一般都会向银行贷款或个人借贷来

---

① 一般银行都要求借款人先还后贷,即把原先贷款的本金和利息结清后,才能申请和办理新的贷款。为了符合银行的要求,借款人没有资金归还银行贷款时,就会向职业放贷款人先借入资金,归还银行贷款的本金和利息,在新的贷款办下后,再归还职业放贷人的本金和利息,这样的融资称为"过桥贷"。目前,部分银行推出了"续贷通",在一定程度上减少了"过桥"的资金需求。

满足其资金需要,当这两种渠道都得不到或不能满足时,才会向职业放贷人申请高息融资,这种借款人的信用水平较低、财务状况比较糟糕。

二是借款人利息负担过重,有资金链断裂的风险。如果借款人只是临时借用高利资金,虽然其利率很高,但绝对利息付出并不大,对财务影响不显著。如果借款人长期占用高利资金进行生产经营,利息必定会蚕食其利润和经营资本,陷入恶性循环,最后出现资金链断裂。

三是"过桥"有过不去的风险。"过桥贷"依赖于银行贷款的偿还,如果借款人有不良的倾向或经营陷入一定的困境,银行会想尽办法收贷,客户经理也会给借款人和"老高"以还贷后续贷的虚假承诺,借款人一旦以"过桥"资金还进,贷款就再也贷不出来,借款人也无力以其他资源归还"过桥贷"。

除信用风险外,职业放贷人还有政策法律风险。职业放贷款人的贷款利率往往高于法律的 4 倍利率限制,属于非法借贷,不受国家法律保护。因此,在出现借贷纠纷或借款人违约后,职业放贷人往往采取暴力手段,造成了社会风险隐患。

（三）银背模式的风险

"银背"就是在借款人和贷款人之间介绍人或中间人的角色。"银背"主要是对农村情况熟悉、了解每一户家庭的生产状况并且在农村具有一定权威的人士,在贷款介绍成功后,通常会向借贷双方收取介绍费、服务费、担保费等。"银背"起源于个人借贷中的信息中介,但随着民间金融的发展,"银背"也出现了放贷、担保等行为,甚至出现了吸收居民个人的资金进行高息放贷的行为。

如果"银背"只从事简单的中介业务,收取一定的介绍费和服务费,其收入不高,风险也不大,面临的也主要是信誉损失风险。但当"银背"从事放贷、担保等业务后,其必然面临信用风险。如果"银背"吸收个人资金进行高息放贷,则从事了非法金融业务,面临很大的政策和法律风险。

（四）合会模式的风险

传统的"合会"主要有轮会、标会、摇会三种主要形式,就其组会的目的来说,主要有互助和借贷两种目的。历史上的"老人会""兄弟会"也是为了解决办理红白事的资金困难而设立,是一种典型的互助性质的合会,没有利息,主要靠信任和信誉机制维持,在乡村领域具有很强的约束力,基本没有风险。但以借贷为目的的合会,虽然发生在亲友之间,也有一定的互助因素,但利息较高,一般高于银行存款利率,高于或接近银行贷款利率水平。这类合会,也是基于熟人关系、信任机制、声誉的制裁等运行机制,风险较低,但还是有一定的风险性,主要是信用风险,表现在"会首"信用状况恶化不能发挥担保作用、"会脚"不能按期缴纳会款等。

近几年异化发展的各种"抬会",虽然也叫"合会",但失去了合会的真正意义,如 1985 年 8 月到 1986 年初从温州乐清始发的"抬会事件"、2008 年始发 2010 年被治理的宁海"日日会"事件等。这些合会以高额利息回报为诱饵,吸引民众参会,合会原有的机制被破坏,面临很大的倒会风险。在"抬会"中,以新会款支付利息、以会养会、以会套会、以会抬会,当资金链断裂后,会出现蝴蝶效应,导致整个区域出现倒会现象,有可能会引发刑事案件和群体性事件。

(五)影子银行风险

影子银行的概念最早是由美国太平洋投资管理公司的执行董事保罗·麦克利雷提出,主要是指那些有着部分银行功能,却不受监管或少受监管的非银行金融机构(徐军辉,2013)。金融稳定理事会(Financial Stability Board)在《2014 年全球影子银行监测报告》中把影子银行定义为在常规银行系统外的信用中介行为和机构[1]。从广义范围来讲,凡涉及借贷关系和银行表外业务都属于影子银行范围。

王浡力和李建军(2013)认为中国影子银行产品创新与发展并没有明显增加金融系统性风险,但由于其不规范经营,存在运营风险。期限错配、流动性转换、信用转换和高杠杆等四个因素,仍然可能引发系统性的金融风险,并且相对银行系统来说,影子银行更加脆弱,其风险敞口直接面向社会,具有较大的社会风险(李若愚,2013)。高度的期限错配增大了流动性风险(唐红娟,2012),并且银行理财产品、信托产品和民间借贷都有较大的信用风险,都会出现流动性风险和违约的可能,蕴藏着巨大的风险和隐患。

(六)互联网金融风险

互联网金融的原意是指以万维网络为平台的金融业务模式,目前来说,网络的范围不断扩大,已经从万维网络扩大到移动网络和终端网络。互联网金融的业务模式主要为第三方支付、P2P 网贷平台、众筹融资等三种,2012 年,第三方支付总量交易达 6 万亿元,在整个支付总量中大概占到 0.5%。2013 年以后,以支付宝钱包、财付通钱包为代表的互联网理财、微金融得到了飞速发展。

互联网金融虽然飞速发展,但立法和监管的滞后,导致其潜在的风险不容忽视。就 P2P 网络借贷来说,有非法集资和用户资金被挪用的风险、利用平台洗钱的风险、用户个人隐私和交易安全没有保障的风险(陈晨,2014)。据零壹研究院数据中心统计,2015 年 3 月份全国新增至少 83 家 P2P 网络借贷评台,有 5 家于上线当月跑路,问题平台达 53 家,据 2014 年数据,在问题平台事件中,诈骗或跑路占

---

[1] 李小晓《金融稳定理事会:中国影子银行规模世界第三》,http://finance.caixin.com/2014-11-02/100745772.html。

46%,提现困难占 44%[①],P2P 迅速发展的背后,是其倒闭风潮。

第三节 民间金融的风险传导与效应

一、民间金融风险传导机制

民间金融非理性繁荣,主要通过货币和信用链条向社会传递风险:民间金融扰乱社会信用秩序,引起整个社会信用系统的混乱;蚕食实体经济利润,导致实体经济经营能力和偿债下降,导致银行坏账的增加,银行在坏账风险暴露以后,采取银行信贷收缩措施,加大了实体经济的融资困难;居民个人在民间金融发生损失后,个人资产和偿债能力下降,导致银行坏账增加;在区域范围内,发生数量较大的民间金融风险后,容易发生群体性事件,影响社会经济秩序,向整个社会传导风险和不稳定因素。民间金融的风险传导机制如图 4-2 所示:

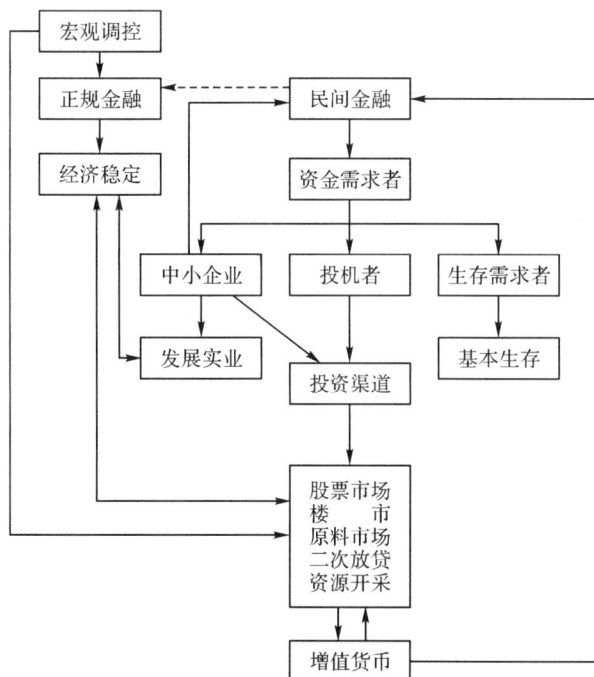

图 4-2 民间金融的风险传导机制

① 佚名《地产商控制 P2P 平台非法吸储崩盘 涉案金额超 9 亿》,http://money.163.com/15/0317/07/AKT3CH9T00253B0H.html。

二、民间金融风险传导效应

（一）民间金融风险传导的多米诺骨牌效应

多米诺骨牌效应也称之为多米诺效应（Domino Effect），在多米诺骨牌中，最初的一个骨牌的倒下，可以引发整副骨牌的轰然倒下，喻指在一个高度联系的系统中，某一个环节的变化可以引发一系列严重的连锁反应。在信息不对称的条件下，单个民间金融风险发生以后，容易引起当初以高额利息为目的的"投资者"的恐慌，相关信息在乡村范围迅速传播，并且在传播过程中信息不断失真和夸大，进而引起对民间金融投资的全面恐慌，"投资者"纷纷采取停止民间金融资金供给或要求提前归还资金，直接导致民间金融资金供应链的断裂和破坏，从而引起区域内大面积的民间金融破产和倒闭现象，引起区域性金融风险。民间金融的风险效应进一步扩散以后，会直接影响实体经济正常经营和健康发展。2011年温州借贷危机的爆发，通过货币和信用链条传递到温州各经济部门，引起了连锁反应，到 2012 年 7 月底，借贷危机导致了温州 60.43% 的工业企业减产或停产（许经勇，2013）。

（二）民间金融风险传导的破窗效应

破窗效应（Break Pane Law）原意是指：如果在一扇窗户被打破后如果没有得到及时的维修，在暗示性的纵容下，别人会去打烂更多的窗户。在民间金融中，也有一定的破窗效应成分，如果在单个民间金融违规活动并发生风险以后没有得到及时处理和严厉的惩罚，就会给民众以监管不力的信号，更多的人也会从事类似的民间金融活动而获利，导致民间金融的无序发展，如影子银行、互联网金融的飞速发展就有破窗效应的作用。在民间金融发生风险，老板采取"跑路"或"蒸发"的方式逃避债务，如果政府不采取严厉措施进行追偿和制裁，"跑路"就会成为一种逃避债务的方式被仿效，老板"跑路"就会不断发生。

（三）民间金融风险传导的蝴蝶效应

蝴蝶效应（The Butterfly Effect）是指看似没有联系的事物之间，却在一件事情发生之后，引起了遥远并且表面相关性不大的事物的巨大变化和反应，如亚马孙雨林与得克萨斯州的龙卷风。由于民间金融与银行机构一样都是以货币资金为经营对象，以信用的方式进行活动，异化发展以后的民间金融更是与银行机构一样具有涉众性，偶发的民间借贷风险，可以通过货币信用链条传递到整个银行信贷系统，并进而传递到实体经济，引发更大的风险，就像担保链一样，通过十几倍、几十倍放大后形成更大的风险。

三、农村民间金融风险与负面影响

(一)农村民间金融潜在风险巨大

"高利贷崩盘""私营企业老板欠债外逃"、民间借贷纠纷案件不断发生、非法集资案件不断出现等等,都在一定程度上反映出农村民间借贷在非理性发展的背后,潜在巨大的信用和社会风险。

第一,借贷纠纷不断。民间借贷的高利蚕食企业的利润,导致企业偿债能力下降,资金链断裂,各种各样的民间借贷纠纷不断,民间借贷案件居高不下。2014年,河北省全省法院民间借贷纠纷一审新收案件数量达 31452 件,较 2013 年增加了超 4000 件,集资诈骗一审新收案件数量达 26 件[①]。

第二,刺激地下经济和犯罪活动。农村民间金融目前处于灰色地带,处于法律规制和政府监管之外,容易产生各种犯罪现象,如金融诈骗、洗钱活动;还有一些农村民间金融与地下经济关系密切,甚至被犯罪分子用于洗钱,刺激了地下经济和犯罪活动;部分农村民间借贷在借款人违约后,利用黑社会势力进行暴力讨账,酿成了一些刑事案件恶性社会事件;非法"抬会"和非法集资案件爆发后,广大受害人非法聚会酿成了严重的群体性事件。

第三,银行贷款不良率上升。2011 年末中国人民银行温州市中心支行调查结果显示,温州民间借贷资金有 10％来源于银行,30％来源于当地企业,20％来源于当地居民,20％来源于外地企业和外地居民(东航金融等,2012)。预计有 35％的银行信贷资金直接或间接运用于民间借贷,民间借贷违约风险也将直接或间接传导到银行,导致银行贷款不良率上升。数据显示,温州借贷危机爆发后,银行体系的不良贷款不断出现,到 2012 年 9 月末,仅浦发银行温州分行的不良贷款就新增了 20.24 亿元,不良贷款增量竟占到整个浦发银行不良贷款增量的 70％[②]。

(二)导致实体经济"空心化"现象

放贷人暴富的财富示范效应,使广大个人和企业将民间借贷视为财富快速增加的捷径,不愿意再投资到赚钱慢、收益低的实体经济中,纷纷转入民间借贷市场,而减少了对实体经济的投入,直接导致了经济"空心化"现象。在温州的 1100 亿元民间借贷资金中,主要是用于"炒房"、民间借贷或其他投机性用途,比例分别为 20％、40％和 5％,进入生产经营领域的只占 35％(董伟,2012)。

---

① 佚名《河北高院关于民间借贷纠纷案件的调研报告》,http://news.163.com/15/0226/10/AJCF6ESE00014SEH.html。

② 张东红《浦发银行不良率快速攀升 浙江成重灾区》,http://news.163.com/12/1105/21/81。

（三）影响宏观调控

在全民借贷的背景下,出现了金融脱媒现象,部分资金在银行系统之外运行,难以监测和调控,直接影响货币政策效果。一方面,大量的货币通过影子银行体系或民间借贷系统进行流通,造成对社会货币供应量监测的失真,特别是对流动性的控制将变得十分艰难,如果不控制,流动性过剩,如果控制,在银根紧缩后,企业贷款艰难,总投资和总需求受影响。另一方面,民间借贷资金受利率的影响进行投资,在投资方向上与国家的产业政策并不一定相符,可能在国家限制或控制的产业却有更多的资金投入,而急需的产业却没有足够的资金供给,背离了国家的政策导向(毕德富,2005)。第三方面,大量的货币资金游离于实体经济,在房地产等行业进行投机炒作,容易造成经济的虚假繁荣,造成"泡沫经济"。

第四节　民间金融典型案例分析

一、温州借贷危机

温州民间金融的发展是"两多两难"的结果,2010 年实施的银行紧缩货币政策,更是把民间借贷推向活跃的高峰。

2011 年,温州市全市的融资性中介机构达到 1800 多家,仅鹿城区有 600 多家,龙湾区有 800 余家民间担保、寄售行、投资公司,温州鹿城区车站大道被誉为"温州的华尔街",遍布各种投资公司、担保公司等民间金融机构。[①]

据中国人民银行温州市中心支行统计,参与民间借贷的资金从 2010 年的 800 亿元,上升到 2011 年的 1200 亿元。中国人民银行温州市中心支行 2011 年 7 月 21 日发布《温州民间借贷市场报告》显示,民间借贷年综合利率水平为 24.4%。实际上,私人借贷的利息一般为月息 2 到 3 分,私人钱庄和融资性中介的短期借贷利率为 6 分到 1 角,甚至出现月息一角多的情况。

2008 年开以来,温州民间借贷纠纷案件数量大幅增加,2012 年 1 至 7 月,全市法院民间借贷的收案共 12035 件,平均每天有 56 起民间借贷纠纷案件发生。大量中小企业和融资性担保公司相继倒闭,温州市龙湾区,倒闭的企业就有 29 家,企业

---

① 仇锋平《温州鹿城半数"融资中介"停业》,http://www.dfdaily.com/html/33/2012/10/18/879841.shtml。

主出逃 31 人,涉及资金 37 亿元,放高利贷的"老高"出逃 16 人,涉及资金 25.9 亿元^①。

温州民间借贷危机成因:

第一,投机行为的延续。精明的温州人在创业投资中,"发现"了投机炒作更能赚钱,于是从 2000 年就开始"炒房",到后来开始"炒姜""炒蒜""炒矿",甚至可以把几元钱一包的"333"字牡丹香烟炒到几百元一包。随着各种炒作的"发明",温州人的财富不断积累,于是就寻求更好的赚钱路径。随着法定存款准备金比率的不断提高,中小企业融资需求越发旺盛,民间资金需求增加,温州人发现炒"钱"比炒房更能赚钱,于是,纷纷投向民间借贷。

第二,高利诱惑下的非理性行为。温州借贷资金的来源主要是居民的工资性资金、投机性资金、银行贷款资金和其他借贷资金,甚至有把自家房产向银行抵押以后,将资金投入到民间借贷市场,之所以会出现这样非理性的行为,是因为民间借贷的高利诱惑。在温州民间借贷中,基于亲情或友情的借贷达到月息 1 分到 3 分,如果是投入到私人钱庄或融资性担保公司,可以拿到月息 2 到 3 分的利息收入,这些利息收入远比银行定期储蓄的利息收入高。而私人钱庄或融资性担保公司以月息 2 到 3 分的利率吸收到资金以后,放贷出去则可以赚取更高的利差,因此,温州出现全民借贷,融资性中介机构遍地开花。

第三,金融管理当局监管不力。温州市人民银行虽然对民间借贷进行监测,但没有及时采取有效措施进行疏通,既没有在解决中小企业融资难问题上有得力举措,也没有对民间借贷进行清理和劝导,使得民间借贷在野蛮生长后,形成危局。

二、鄂尔多斯借贷危机

据鄂尔多斯市工商局统计,2010 年末,经过注册登记的投资公司有 512 家,担保公司 261 家,委托寄卖商行 198 家,典当企业 37 家,四类机构合计 1008 家,除此之外,还有大量参与民间金融活动的地下中介组织、机构、中介人,其中专门从事民间借贷的中介人约 1500 个(刘文光等,2011),"十人九贷",2010 年的民间融资规模保守估计达 540 亿元,鄂尔多斯出现了全民借贷的疯狂局势。

2011 年 10 月 18 日,"苏叶女案""王福金案""昊达案"接连爆发,鄂尔多斯借贷危局显现。各种融资案件涉及面广,融资金额大,严重影响了当地社会秩序和经济发展。苏叶女累计融资约 12 亿元,其中本金 5.45 亿元,利息近 7 亿元。昊达涉

---

① 佚名《温州民间借贷纠纷调查》,http://money.163.com/12/0903/22/8AGTJAK600252G50_all.html。

嫌非法融资 23.18 亿元,其中本金约 17 亿元,利息约 6 亿元,直接债权人数为达到 2672 人。

鄂尔多斯借贷危机的多米诺骨牌效应、破窗效应和蝴蝶效应明显。王福金案使得民间融资资金链断裂,从而引发更多的民间融资案件。鄂尔多斯借贷危机既影响了当地的金融生态,也影响到当地的楼市和实体经济,也造成了社会不稳定。

对鄂尔多斯借贷危机的反思:

第一,政府的失职、失当。在危机爆发之前,鄂尔多斯已经处于全民借贷的疯狂局势,各种投资公司、担保公司、典当行遍地开花,并且都参与了民间借贷活动,政府没有采取有效措施进行监管,这是失职。在借贷危机爆发以后,政府没有采取有效措施来防止扩大,这是失当。

第二,投资者的非理性。投资者的非理性,主要表现在两点:一是高利的诱惑,以 100 万元为例,3 分月息计算,一年的收入就超过 36 万元,投资者在高利面前失去了理性;二是项目投资及收益的非理性,融资者往往打着投资煤矿的幌子来吸引资金,但投资者却没有对煤矿的真实性、收益率进行有效评估,也没有能力对资金的真实用途进行监督。

第三,民间融资本身的脆弱性。鄂尔多斯的民间融资本身就是非理性繁荣,是广大民众为了追求财富而进行的投资行为,具有很强的脆弱性。2011 年中央对房地产实施调控,受政策影响,房地产价格持续下跌,投资房地产不但不能获得超额的利润,反而陷入了更多的资金,融资投资房地产的投资者没有足够的资金支付下线的高额利息,资金链断裂,民间借贷案随即大规模爆发。

三、P2P 网络信贷

2005 年在英国成立的 Zopa 是世界上第一个 P2P 网络借贷平台。2006 年 4 月,我国第一家 P2P 网络平台宜信公司正式成立(张正平等,2013)。截至 2014 年底,全国新上线的 P2P 平台达到了 900 家之多,全国目前正在运营的网贷平台共计约 1540 家,2015 年 2 月份全国 P2P 网贷成交额为 401.98 亿元[①],P2P 借贷平台异军突起的势头很猛。但 P2P 借贷平台却频现跑路、倒闭、无法提现的危机。网贷之家的数据显示,2014 年全国出现提现困难或倒闭的 P2P 平台达 275 家[②]。浙

[①] 佚名《P2P 网贷:2 月成交 402 亿 行业发展势头强劲》,http://www.gs.xinhuanet.com/news/2015-03/17/c_1114669152.htm。

[②] 佚名《投资 P2P:请对高息平台避而远之》,http://www.cnnsr.com.cn/cszx/html/2015031813135096997.html。

江温州目前有线上 P2P 网贷 24 家,注册资本金 4.97 亿元,2014 年以来,温州全市 P2P 网贷企业出险数已达 8 家。

P2P 网络借贷作为民间融资的新形式,产生以后发展迅速,但其中隐含的风险也很大,究其原因,主要有:

第一,监管的不到位。P2P 网贷产生以后,作为主要的互联网金融形式,涉及公众利益、金融安全和社会稳定,但其监管主体一直没有落实。目前虽然归银监会监管,但具体的监管部门、监管细则都没有落实,没有法律约束,缺乏准入门槛和行业规范。监管的真空,直接导致了 P2P 网贷的野蛮生长和无序发展。据《中国互联网金融行业市场前瞻与投资战略规划分析报告》显示,中国互联网金融的快速无序发展主要原因是监管不到位,存在较大的监管套利空间。

第二,部分不法分子利用网贷诈骗。部分 P2P 网贷本身就是诈骗平台,没有经过注册,甚至利用假网站,以极高的收益率做诱饵,通过借新还旧的庞氏骗局不断吸收资金。最短命的 P2P 网贷,成立到倒闭只有三天时间,利用这三天时间,诈骗数百万元后关停逃逸。

第三,P2P 网贷公司的违规经营。P2P 网贷应该是一个融资中介平台,央行副行长刘士余强调,互联网金融存在两条红线,即不能触碰非法集资、非法吸收公众存款,尤其 P2P 平台不可以办资金池,也不能集担保、借贷于一体。但目前,部分 P2P 网贷公司却出现自建资金池、发布虚假借款标的和打着 P2P 的幌子进行非法集资活动等各种违规行为。

第四,高利诱惑下的投资理性缺乏。互联网金融相对于传统金融来说具有天然优势,其运营灵活,成本较低,因此,互联网金融的投资收益高于传统储蓄存款,但部分的借贷平台以极高的收益率为诱饵吸引投资者,甚至给出了年化 50% 的收益率。广大投资者在高额的收益面前失去理性,再加上互联网平台的真假识别也有一定的困难,容易被诈骗。

四、宁海日日会

宁海县是浙江省宁波市下属的一个人口不到 60 万的小县城,但就是在这样的小县城,却多次发生非法"抬会"事件。1993 年,宁海就发生过一次倒会事件。1999 年,随着宁海经济的发展,"标会"又死而复生,但是当时的标会以月会为主,具有互助性质,并且会员人数也较少,会款金额也不大。但到 2008 年以后,标会逐渐演变为"日日会",每日开标。当地政府意识到非法抬会所潜在的风险,从 2009 年 5 月开始通过广播、电视、报纸等各种渠道宣传"日日会"的危害,并采取了打击非法"抬会"的措施,但是会首和会脚却在高利面前顶风作案,"日日会"疯狂发展,出现了一些开多个会的"专业户",最疯狂的时候,宁海约有 1000 多名会首,涉及的金额达到 300 多亿元,仅跃龙街道最多的时候竟 200 多家"日日会",日利息高达 5 分至 1 角。2010 年 7 月 20 日,宁海县政府采取"日日会"专项整治行动,到 9 月 10 日,共有 121 名会首登记、1262 人投案自首,刑事拘留 17 名(梁国瑞等,2010)。

宁海日日会事件的反思:

第一,暴富心理和高利的诱惑。宁海日日会参与者 80% 是女性,这些女性都希望能走快速致富的捷径,而投入 3 万元的月利息能达到 1450 元,这样高额的利息收入,对抱着暴富心理的人们确实有很强的诱惑力,因此,政府虽然采取各种方式宣传日日会的危害,希望他们远离非法抬会,但是,还是有很多人疯狂办会、入会,甚至把房产抵押后所获得的贷款资金入会,或者以月息 2 分的高利借款入会。

第二,政府打击不力。宁海"合会"从 2008 年开始已经异化为"日日会",但政府直到 2009 年才开始宣传非法抬会的危害,虽然也采取了打击措施,但打击力度不够,到 2010 年 7 月 20 日才开始采取专项整治行动,中间有两年多的时间。在这两年时间里,政府虽然对非法抬会问题有所作为,但打击的力度不够,才使得"日日会"疯狂发展。

小　结

民间金融交易决策是一种典型的理性与非理性的交叉混合。但在目前的高息民间借贷、影子银行和互联网金融的发展中,却是一片非理性繁荣景象,广大民众在高利诱惑面前,都采用非理性选择进行决策。其表现在:一是民间借贷规模加速扩张,二是借贷主体多元化,三是职业化逐利性借贷发展,四是民间融资流向呈现投机性。农村民间金融的非理性繁荣,带来巨大的风险隐患和负面影响。

农村民间金融非理性繁荣的原因主要有:向他人学习和羊群效应、媒体和文化的因素、高利贷习俗、中小企业融资饥渴、民众对财富的渴望、政策方面的原因和农民素质的原因等。在民间金融的非理性繁荣中,政府负有不可推卸的责任。

民间金融的风险类型一般有信用风险、市场风险和运营风险。在个人借贷、职业放贷人、银背、合会、影子银行、互联网金融等主要的民间金融类型中,都存在着一种或几种风险。

民间金融非理性繁荣,主要通过货币和信用链条向社会传递风险,并以多米诺骨牌效应、破窗效应、蝴蝶效应等扩大风险影响:民间金融扰乱社会信用秩序,引起整个社会信用系统的混乱;蚕食实体经济利润,导致实体经济经营能力和偿债下降,导致银行坏账的增加,银行在坏账风险暴露以后,采取银行信贷收缩措施,加大了实体经济的融资困难;居民个人在民间金融发生损失后,个人资产和偿债能力下降,导致银行坏账增加;在区域范围内,发生数量较大的民间金融风险后,容易发生群体性事件,影响社会经济秩序,向整个社会传导风险和不稳定因素。

温州借贷危机、鄂尔多斯借贷危机、P2P网络信贷、宁海日日会等典型案件告诉人们:监管不力、非理性投资等原因造成了一定范围的借贷危机,其社会负面影响巨大,必须加强监管,促进其规范发展。

第五章
农村民间金融规范与疏导路径

第一节　农村民间金融监管与规范的经验借鉴

一、美国的民间金融

(一)美国民间金融主要组织形式

1.农村民间借贷

美国农村主要生产经营单位是"家庭农场","家庭农场"主要依靠农户家庭开展生产经营活动。"家庭农场"的广泛存在,使得农村民间借贷成为一种主要的民间融资方式。农户主要向亲友或邻居等关系紧密的个体借入资金,以满足短期或临时性生产资金需要,而对中长期资金需要,则更多的是通过土地、财产抵押获得融资支持。

2.合作金融系统

美国的合作金融系统是一个多元复合的"上虚下实型"的农村合作信贷系统,主要由联邦中间信贷银行系统、合作社银行系统和联邦土地银行构成。联邦中间信贷银行业务对象是农业生产信贷协会,为其提供批发性的短期贷款,农业生产信贷协会获得贷款后再零售给协会成员;合作社银行则是向合作社提供各类贷款支持;联邦土地银行经营对象主要是农场主,为其提供长期不动产抵押贷款(鲍静海等,2010)。

3.ROSCA

ROSCA 即轮流储蓄和信贷协会,主要是在移民社区广泛存在,在较富有的移民社区内,这类组织规模通常较大(张希慧,2009)。就融资目的而言,拉丁美洲移民主要是为了获得消费资金,特别是为了举办婚礼和购买耐用消费品,而亚洲移民和加勒比移民则主要为了获得生产经营资金。

4.小额信贷组织

小额信贷组织是美国农村比较常见的一种民间金融组织形式,其业务对象主要是女性和有色人种。1995 年,美国共有 325 个小额信贷组织,对女性和有色人种客户发放了 1.26 亿美元小额贷款(张希慧,2009)。

5.NDTL

NDTL(Non-Deposit-Taking Lenders)是指非吸收存款类放贷机构,这些机构的类型多样,主要有抵押贷款的放贷人、贷款需每日清偿的放贷人、汽车金融公司、助学贷款公司、实业贷款公司、人寿保险公司、信用卡公司等,资金来源主要是市场借入,业务对象主要是小型业主和消费者(刘萍等,2008)。

(二)美国的民间金融监管制度

1.对民间金融实施动态监管

在民间金融发展初期,政府一般对民间金融采取默许态度,但会对民间金融的发展进行持续监管,如果发现某些民间金融形式和活动会对社会经济产生负面影响或者会对宏观经济政策产生冲击,则会采取严厉的限制政策。

2.对民间金融组织实施分类监管

信用社主要依靠《信用社合法化法案》《联邦信用社法案》实施严格监管,在市场准入与退出、经营管理的规范等方面都做出了明确规定;NDTL 则实施非审慎性监管,监管相对宽松。

3.民间金融监管权限主要在地方政府

由于民间金融组织和活动的地方性,民间金融监管权限主要在地方政府,如NDTL,其监管权限主要在州政府,而不是联邦政府,即使是对合作金融系统,各州也设立监管机构进行监管,信用社可以自愿申请登记为州立信用社或联邦信用社。

4.以法律的形式限制民间金融的业务范围

对各种形式的民间金融美国政府都有专门的法律来进行规制,《联邦农业贷款法案》规制的是联邦土地银行,《1923 年农业信贷法》规制的是联邦中间信贷银行,对 NDTL 每个州都有一项专门的法令,管制其消费类和商业类放贷。

二、日本的民间金融

(一)日本民间金融主要组织形式

1.互助会

互助会早在室町时代就已存在,当低收入人群不能向商业银行获得贷款时,人们便组成互助会,相互融通资金。经过数百年的发展,互助会已经成为在农村地区广泛流行的民间金融机构。第二次世界大战以后,日本出现了专门为中小企业提供融资服务的与互助会融资机制相似的小型金融公司,这种小型金融公司通常也被认为是互助会。

2.信用金库和信用组合

日本的信用金库是根据《信用金库法》所成立或改组的民间金融机构,其业务经营对象主要是会员,面向会员办理存款和贷款业务。信用组合是合伙人之间以相互融资为目的而成立的非营利性民间金融机构,全日本大约有185家信用组合,其存款、贷款都限定在合伙成员范围之内。信用金库和信用组合的会员主要是营业地区的居民和小企业主。

3.消费金融公司

日本的消费金融公司是从20世纪60年代开始产生的,主要是对消费者发放生活性消费贷款,这与日本人性格封闭、不愿意向亲朋借钱的风格相适应,其运作模式是通过调查核实借款人的还款能力后予以快速放款,因此,消费金融公司在民间借贷中发挥出一些积极的作用,大部分的消费金融公司发放的都是高利性质的借贷,也经常使用违法的催收手段,造成了一系列的社会问题(陈景善等,2012)。

(二)日本的民间金融监管制度

1.对民间金融的法律规制

日本对互助会规制的法律是《无尽业法》,对民间高利贷规制的法律是《贷款业规制法》《出资法》《利息限制法》,但相关法律的限制性规定并没有完全统一,滋生了非法金融现象,因此,2006年日本对三部法律进行修订,并出台了《违法金融整治法》《金钱借贷业改正法》,民间金融法律规制逐渐完善。新法实施后,较好地控制了非法金融现象。

2.加强对民间非法金融的打击

由于非法民间金融和高利贷导致了一系列的社会问题,2003年日本国会修改了《地下金融对策法》,并采取一系列措施打击民间非法金融。

一是对地下金融的认定。如果未在政府行政机构登记而从事放贷业务,都属于地下金融范围,具体来说,认定标准包括:未在政府机构登记而从事放贷业务的放贷人,利率超过《出资法》所规定的上限,没有登记号或伪造登记号,没有固定办公电话号码等。

二是对非法金融的管制。管制措施主要包括:严格的贷款业审查登记制度,强化对高利贷、无登记贷款的处罚力度,加大对违法广告的罚款额度,强化违法催收处罚力度,规定超出109.5%的利息的贷款合同为无效,在网上公布已登记的贷款业务,对小额采取贷款总量限制,对非法金融追究刑事责任。

三、经验与启示

1. 正确认识和评价民间借贷

民间金融作为一种金融形式,不管在发达国家,还是在发展中国家都广泛存在,民间金融有其积极的一面,能促进社会经济的发展。民间金融可以通过内在的利率驱动机制,充分动员民间闲置资金,变消费资金为生产资金,促进社会生产的扩大,同时,互助性民间借贷也发挥出人道主义互助精神,帮助困难的群众解决生活中遇到的困难和问题,帮助中小企业解决临时性的生产资金困难。但是,我们也应该认识到民间金融的异化发展将对社会造成负面影响,而高利贷化运行、非法金融发展的社会危害特别大,必须加强管制。

2. 民间金融的法律规制

没有法律予以规范,是民间金融无序发展的重要原因。民间金融的法律制度首先应区分合法金融与非法金融,明确金融违法责任及处罚,并对民间金融的业务范围、组织结构、运行规则、准入和退出做出相应的规定。

3. 实施分类监管

民间金融的类型多样,参与者动机不一,我们应根据民间金融的具体情况,分类实施监管:对民间自发的互助性借贷,不必干预,但应引导其向契约规范化方向发展,以维护借贷双方权益,促进互助性借贷的良性发展,发挥其积极作用;对规范化程度高的有组织民间金融,从目前的压制性管理转变为扶持性管理,允许在法律规定的范围内开展业务活动,并通过法律保护借贷双方的正当权益。通过制度创新和立法监管等手段引导其向规范化和正规化方向发展成为对正规金融有益补充的金融形式(陈蓉,2007);对非法金融必须严格取缔。对民间非法金融,应该是在疏通投融资渠道的前提下,利用法制化手段坚决取缔,如果投融资渠道不畅,非法金融可能会利用政策空隙重生或演变。

4. 民间金融的疏导

在现代金融体系高度发达的今天,民间金融仍然发展并呈现非理性繁荣的重要原因是金融抑制下的利率双轨制和投融资难。负利率推动了民间金融的高利贷化发展,要抑制民间金融高利贷化发展,必须推动利率市场化改革,改变储蓄的"负利率"现象,保障广大居民的合法储蓄投资收益权,引导居民通过合法储蓄获得正常的低风险的投资收益,缩小民间金融的生存空间。同时,通过政策引导,金融服务供给的增加,解决中小企业融资难问题,减少民间借贷融资需求。开放投资渠道,让日益增长的民间财富有合适的投资理财渠道,从而减少民间借贷的资金供给。

第二节 政府角色定位和行为选择

一、政府角色定位

在目前的农村民间金融异化发展中,政府监管不力是重要原因,要规范农村民间金融发展,必须首先正确界定政府的角色。因此,政府在民间金融的管理上,要遵循"执政为民、公正协调"的基本原则:要尊重民众的金融权利,了解民众的金融需求,激发民间资本活力,通过法律规制和政府监管规范民间金融,引导民间金融理性健康发展。

1.保障民众的金融权利

金融权利是与所有权、物权等相联系的一种派生权利,在市场经济社会,金融权利得到了普遍的重视。在金融领域,政府要保障民众基本的投资和融资权利,不能抑制民众投融资权利的满足。如果民众的投融资权利不能得到基本满足,必然会滋生非法金融现象,包括出现非法金融机构、非法集资、高利贷等。

2.了解民众的金融需求

尊重民意、关注民生是政府执政的重要基石。在金融领域,尊重民意就是要了解民众的投资和融资需求,了解农民贷款难、中小企业融资难、投资难的真实原因,了解农村民间金融存在的广泛性及原因。关注民生,就是要提高民众生活质量和生活满意度。农民要提高生活质量,必须开展多种经营,走多元化的发展道路,包括兴办小微企业、发展种植业养殖业,但由于农民资金积累能力薄弱,迫切需要外源性融资渠道支持,因此,关注民生,必须切实解决农民贷款难、中小企业贷款难问题,增加金融供给,便利农民和中小企业融资。政府在民间金融方面的法律和政策,不能与民众的金融要求相违背,如果民众的金融需求得不到满足,必然会滋生地下金融问题。

3.激发民间资本活力

长期以来,农村居民的积蓄都是以银行储蓄的形式存在,缺乏合适的投资渠道,而银行储蓄长期存在"负利率现象",民间金融成为无奈之下的一种选择。因此,要激发民间资本活力,就必须放开民间资本投资限制,鼓励民间资本投资科技产业,鼓励民间资本进入金融领域,鼓励民众理性投资,减少恶意炒作行为和乱投资现象。

4.规范民间金融

政府通过法律界定合法金融与非法金融的界限,保护合法金融活动,打击和取缔非法金融活动,并对民间金融活动进行监测和监管。民间金融按市场规则运行,其中发挥作用的主要是市场机制和民间社会资本。建立政府与民间的良性互动机制,就是将政府的监管与市场规则有机结合,在遵循市场规则的基础上,经政府的监管引导民间金融的良性发展。

5.引导民间金融理性发展

要引导民间金融理性发展,关键是要引导农民理性投资。重视农村教育,普及法律知识、经济金融知识,增强农民金融知识,不断提高农民素质,增强农民合法、理性投资的意识。提高农民的金融伦理水平,减少非法金融行为和活动。加强金融违法犯罪的典型案例宣传,通过正反面案例,警示农民不能有金融违法和金融犯罪行为。

二、政府行为选择

政府对民间金融的行为选择有三种模式,即放任自流、严格取缔、规范和引导。如果采取放任自流的政策,任其自由演进,在目前的条件下,必然会滋生更多的金融犯罪现象,影响经济发展和社会问题,P2P网络借贷产生后,监管没有及时跟上后所产生一系列的问题就是一种证明。如果采取严格取缔的政策,通过管制来压制民间金融的发展,即"堵"的政策,在目前"两多两难"问题没有切实解决的情况下,"堵"只会让民间金融往地下发展。因此,政府对民间金融的行为选择应该是规范和引导。

政府对民间金融市场的管理应该是法律规范和金融监管,而不是干预。政府的干预会扭曲民间金融市场的发展,使得民间金融由"地上"转为"地下",反而使得民间金融的监管难度更大,在异化发展以后,对社会经济的损害也更大。民间金融应该按市场规则运行和发展,但政府应该发挥把关人的作用,将主要工作重点放在民间金融的疏导上,而不是压制上,因为,政府不可能压制民间金融行为和活动,即使在计划经济时代,政府对民间金融采取高度抑制的政策,民间金融也没有完全消亡,不过是在更小范围内以更隐蔽的方式运行而已。

（一）将民间金融纳入法治框架

民间金融无序发展,非理性繁荣的重要原因之一是没有法律规范和约束,因此,规范民间金融的一个重要前提是尽快出台相应的法律,将民间金融纳入法治框架。对民间金融进行一个比较完善的立法,尽快制定通过《民间融资法》,界定民间金融与非法金融,对民间金融的形式、业务范围和边界、利率水平限制、责任和权利保障、违法责任等做出明确规定,明确对合法金融的保护和对非法金融的打击,同时,修改《刑法》《合同法》《担保法》等有关条款,理顺民间金融的相关法律规定。

（二）防治民间金融风险

农村民间金融有其存在的现实必要性和广泛的群众基础，并且能发挥出一定的积极作用，政府要积极引导民间金融的理性发展，通过打击各种金融违法犯罪活动，减少各种非法金融所带来的负面影响和各种借贷纠纷的发生，防治民间金融风险，保持良好的社会经济秩序和金融秩序。

（三）疏导民间金融

民间金融问题归根结底是"两多两难"问题的一种具体表现，民间资金多却找不到合适的投资渠道，小微企业多却得不到银行信贷支持，农民贷款难、中小企业贷款难催生了民间金融的兴旺发展。民间金融宜疏不宜堵，疏就是要从解决融资难和投资难两个方面入手：解决农民贷款难和中小企业贷款难问题，压缩民间金融获利和生存的空间；放开民间资本投资限制，开放更多的投资渠道，鼓励民间资本投资科技产业、进入金融领域，鼓励民众理性投资。

第三节　农村民间金融疏导

一、农村民间金融疏导的路径

"两多两难"是造成民间金融问题的主要原因，中小企业和农民融资难，在得不到正规金融支持时，以民间借贷为融资的主要渠道，滋养了民间金融的发展；投资难，使得广大民间资金在财富追求的触动下，没有合适的投资渠道时，纷纷涌向民间金融领域，助推了民间金融的非理性发展，因此，对农村民间金融的疏导，应以解决"两多两难"问题为抓手，拓宽农民和小微企业的融资和投资渠道。

农村民间金融疏导路径如图 5-1 所示：

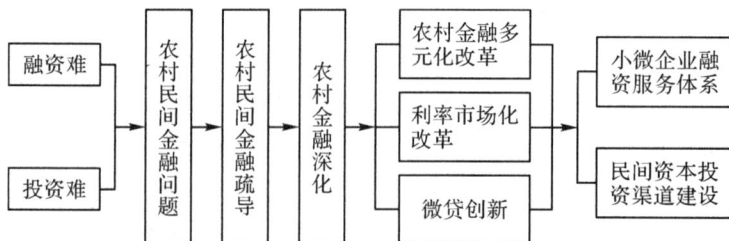

图 5-1　民间融资疏导路径

（一）以解决"两多两难"为抓手

农村民间金融问题实际上是"两多两难"问题的具体表现,农村中小企业融资难问题,直接拉动了农村民间金融的兴旺,农村中小企业融资饥渴,在一定程度上又推动了农村民间借贷的高利贷化发展;而农村资本多却没有合适的投资渠道,在"负利率"的背景下,涌入到民间金融领域,因此,要疏导农村民间金融,必须从解决"两多两难"问题入手,"两多两难"解决了,农村民间金融问题就能得到有效疏通。

（二）推进农村金融深化改革

1.农村金融体制改革

随着近几年农村金融改革力度的加大,农村金融体系逐渐多元化,但由于体制问题,农村金融资源的配置效率并不是很理想,农民和小微企业贷款难、贷款贵问题依然突出,因此,现阶段的农村金融体制改革,不能是盲目增加农村金融机构,重点是互助性合作金融机构的倡导和"支农支小"的业务指导。

2.推进利率市场化改革

农村民间借贷虽然风险较大,但收益较高,银行存款虽然风险小,但利率较低,甚至存在"负利率"现象,高利诱惑导致广大农民选择民间借贷、合会等作为收益较高的"理财"方式。因此,要解决农村民间金融问题,必须推进利率市场化改革,让农村市场利率水平真正反映农村资金供需状况,让农村利率回归"正利率"状态,不能再以"负利率"剥削广大农村储户。

3.推进小微信贷创新

小微企业和农民贷款难是造成农村民间金融问题的重要原因之一,"新国九条""银十条"都已经认识到解决小微企业和农民贷款难的重要性,并从政策上支持微贷创新,但目前微贷业务还存在一些问题,主要表现在产品没有系统化,微贷技术应用不一,部分商业银行和农村金融机构仍然采用传统的信贷技术,对微贷虽然在政策上响应,但行动上仍然有限制。要解决农村民间金融问题,必须大力推广微贷创新,切实解决小微企业和农民贷款难问题。

二、创新小微企业融资服务体系

（一）农村金融组织创新

1.推进农村信用社的市场化改革和社区银行建设

虽然政府十分强调农村信用社要发挥金融支农主力军的作用,相关的政策和文件也引导农村信用社"支农支小",但农村信用社的"离农"倾向还是十分明显。因此,地方政府要在县域机构稳定的基础上,推进农村信用社的市场化改革和社区银行建设,激活农村信用社的金融创新机制,立足农村市场和农村社区,服务于农民和小微企业的金融需求。

2. 促进微型金融发展

微型金融是主要为低收入群体提供金融服务的金融模式,具有显著的扶贫作用(张伟,2011)。微型金融的发展包括微型金融机构的发展和微型金融业务的发展,就微型金融机构的发展来说,要规范有序发展小额贷款公司、村镇银行和农村资金互助组织,为农村低收入群体、小微企业和农民增加金融服务供给;就微型金融业务的发展来说,除了微型金融机构业务的发展外,要推动股份制银行、农村商业银行和农村信用社发展微型金融业务,特别是引导农村商业银行、农村合作银行和农村信用社定位"三农",抵制其"非农化"发展倾向,做好"支农支小"工作。

3. 推进小微企业融资服务中心建设

总结"青岛模式""洛阳模式"和四川的"第三方模式"经验,探索适合地方实际的小微企业融资服务中心运行模式。"青岛模式"利用民间借贷平台,将民间借贷的双方进行撮合,借款人以自己的房产作为抵押物,获得放款人的资金支持,双方签订民间借贷合同。"洛阳模式"是成立非营利性的洛阳市城乡信用协会,中小企业加入信用协会后,由信用协会推荐给具有一定资质的担保公司,担保公司对企业审核后进行担保,帮助企业取得银行贷款。四川的"第三方模式"是指建立完全独立于借款方、出借方、担保机构以外的第三方机构作为融资平台,为借贷双方提供融资服务。综合各种模式的优点,目前的小微企业融资服务中心应定位于提供融资信息的融资平台,服务于借贷双方。

4. 建立小微企业转贷中心

农村民间金融的兴旺,其中有一个十分重要的原因,那就是中小企业贷款到期后,没有资金还贷,而目前的银行贷款机制是先还后贷,因此,为了解决还贷资金问题,中小企业往往选择向个人、地下钱庄和融资性担保公司高息融资,其融资利息甚至达到日利千分之三。因此,疏导农村民间金融,切实解决中小企业融资难问题,需要解决小微企业贷款到期还贷和转贷问题,而建立小微企业转贷中心就是一个创新性的探索。小微企业转贷中心由政府出资创导建立,对能获得银行贷款续贷的小微企业,由转贷中心以低利借款给企业还贷,小微企业在得到续贷后,资金由银行直接划转到转贷中心,归还借款。

5. 建设小微企业贷款联合担保中心

小微企业贷款难,其中一个重要原因是抵押难、担保难,因此,有必要建立小微企业贷款联合担保中心,为小微企业贷款提供担保支持。小微企业贷款联合担保中心应该由政府出资建立,商业化运行,在对小微企业进行信用调查的基础上,对资信良好、具有偿债能力或具有发展前景、政府重点扶持的小微企业予以担保支持,解决其担保难问题,但联合担保中心的担保费率只能基本覆盖其运行成本,避免趋利化运行方式。

（二）小微贷款业务创新

小微企业涉及领域广泛,数量众多,小微贷款业务具有广阔的市场前景。小微企业并非是"穷人中的赤贫者",他们是"正在工作着的穷人"或"经济活跃的穷人"（沈颢,2012）,具有一定的偿债能力,富国银行、包商银行、台州银行、东方银行、民生银行等银行的经验证明,只要风险控制得当,小微企业贷款业务能创造良好的经济和社会效益。

1.走差异化、特色发展之路

"银十条"和相关扶持政策的出台,带动了小微企业贷款业务的发展,大型商业银行、中小商业银行、农村中小金融机构都设立专营机构从事小微企业贷款业务发展,业务竞争激烈。面对激烈的市场竞争,支持银行机构走差异化、特色发展之路,既要学习其他银行的成功经验,又要根据自身及当地小微企业的实际进行创新。

2.微贷业务模式创新

建设银行 2007 年在江苏试点"信贷工厂"模式,2011 年,明确小微业务要向"零售化"和"小额化"转型,2012 年正式推出"善融商务",面向客户提供包括申请、支用、还款等全流程网上办理的"网银循环贷"业务。民生银行秉承"小微企业的银行"的理念,对小微企业创新风险补偿基金担保贷款,以授信额度的 2% 缴纳风险保证金,按行业归集基金池。北京银行设立信贷工厂,提出分阶段提供组合服务的模式,在企业发展初期,以抵押担保贷款为主;当企业信用累积到一定程度,通过发放信用贷款、供应链金融等方式来替代抵押担保贷款。

3.重视微贷技术创新

小微企业贷款业务与传统的信贷管理模式不完全兼容,传统的信贷管理具有"硬信息"、量化风险、大额"交易型"的特点,而小微企业贷款业务应更加注重"软信息"（Soft Information）的收集,贷前调查核心是了解客户,了解客户的业务、了解客户的真实需求和控制实质风险,必须在业务流程、人员培养、风险文化和风险控制、激励机制、营利模式等诸多环节进行创新。

4.微贷产品创新

根据客户所在的区域、行业、条件来创新微贷产品,以风险、担保和期限来确定信贷条件,积极倡导"圈链金融",通过积极的微贷产品创新,满足各种类型的小微企业和农户的贷款需求,解决其融资难问题。

（三）积极推进社区共建

农村商业银行、农村合作银行、农村信用社和地方性商业银行从定位上来说,都应该属于社区银行的范畴,并且这些银行都与农村社区存在较强的共生关系。但是社区银行与农村社区之间的共生关系并不是连续的稳定共生关系,这反映在业务上,往往是想方设法营销农民储蓄和小微企业存款,但在信贷业务上又优先贷放给优质企业。因此,要积极鼓励社区银行推进社区共建,改进金融共生模式。社区银行要积极深入农村社区,主动收集农民和小微企业的信息资料,主动建立客户信贷档案,通过 CRM 管理客户信息。在发现客户有信息需求并且符合信贷条件时,主动营销信贷产品,送贷上门,避免这些客户由于不懂金融或对信贷不了解,走向民间借贷。在发现客户有理财需求时,主动上门讲解理财知识,介绍自身的特色理财产品,鼓励客户购买银行理财产品,避免客户在高利的诱惑下,购买风险较大的互联网理财产品或投资民间借贷。

(四)稳步推进小微企业"垃圾债"

垃圾债即垃圾债券(Junk bond),也称高收益债,主要是针对信用等级较低的中小企业所发行的风险较大的债券品种。2012 年 5 月 22 日,上交所和深交所都已经出台相应的试点办法。但是由于小微企业经营不稳定,随业主的素质而出现各种经营和管理波动,并且,我国的信用环境和信用秩序仍存在各种问题,因此,垃圾债的发行存在较大的社会风险,如果没有政府的担保,垃圾债的发行很可能流产,如果政府担保,在出现风险后,政府必须予以刚性兑付,否则,会演变为严重的群体性事件。在目前的条件下,垃圾债仍应处于试点阶段,不宜全面推广,只有在相应的条件成熟后,才可以稳步推广。

三、加强民间资本投资引导

(一)农村民间投资存在的问题

1.民间资本规模巨大

据统计,2013 年全国城乡居民储蓄存款余额超过 45 万亿元,这表明中国的民间资本已经超过了 40 万亿元(李富有等,2015)。巨额的民间资本如果得不到有效疏通和引导,在利益的驱动下,逐利投资,必然会引发一系列问题,包括民间金融乱象,炒房、炒姜、炒蒜等投机性炒作行为。

2.民间借贷是民间投资的主要渠道

在高利的诱惑下,民间资本通过多种形式参与民间借贷,典型的有地下钱庄、地下贴现、经营性标会、赌博借贷等,甚至出现了"日日会"现象。大量民间资本涌向农村民间金融市场,推动了民间借贷的兴旺,造成了农村民间金融乱象,并引发了一系列的社会问题和经济"空心化"现象。

3.民间资金投机性炒作现象严重

据调查,炒房被认为是营利性最好的投资渠道,民企老板、企事业单位职工大都利用闲置资金参与炒房,甚至有部分企业老板从生产经营资金中抽调出来炒房,也有贷款炒房的行为。除炒房外,生姜、大豆、大蒜等都成为炒作对象,甚至在日本地震后,食盐也成为炒作对象。这些逐利性投机炒作行为,一方面抬高了部分商品价格,背离了基本的供求规律,同时,也加大了经济泡沫,后果十分严重。这些投机性炒作的原因,一方面是经济伦理被破坏,另一方面是我国长期实行剥削性的"负利率"政策,存钱到银行只能拿到"负利率",大量的民间资金由于没有合适的投资渠道,高储蓄无法有效地转化为有效投资(肖凤娟,2012),或流向农村民间借贷市场,或走向逐利性投机炒作。

(二)民间资本投资引导

1.明确民间资本投资方向

虽然我国正在逐渐开放民间资本投资渠道,但对民间资本投资缺少指导,没有明确投资"禁区",对投资方向需要投资者自己探索,存在较大的投资"盲区"。因此,及时出台民间资本投资政策汇编、地方性的民间资本投资指导目录,十分迫切。通过政策汇编和投资指导目录,让广大投资者明确当前的投资政策,可以投资的领域和渠道,根据自身的投资条件、收益要求和风险偏好,理性选择投资。

2.鼓励和支持民间资本进入金融产业

上市银行被称为最赚钱的上市公司,就浙江绍兴瑞丰农村商业银行来说,520亿元的存款规模和370亿元的贷款规模,竟然有14亿元的净利润,银行的投资收益水平可想而知。因此,广大投资者对投资金融领域特别是银行业的意愿都很强。据问卷调查,78%的未投资民间资本主体投资金融领域意愿强烈(陈宝卫,2012)。虽然在《关于鼓励和引导民间投资健康发展的若干意见》出台后,金融业已经对民间资本逐渐放开,但仍然存在"玻璃门""弹簧门"现象,广大投资者入股小额贷款公司、村镇银行都存在较大的难度,更不要说投资屈指可数的民营银行了。政府应尽快出台民间投资金融业的可操作的细则,鼓励民间资本参股民营银行、村镇银行和小额贷款公司(钱彬雪,2012)。稳定推进农村商业银行在中小企业板块的上市计划,鼓励符合好银行标准的优秀农村商业银行上市,促进农村商业银行股权流通,增加民间资本投资金融业的渠道。

3.鼓励民间资本投向高新技术产业和先进制造业

各个地方根据地方经济特点,做好产业设计和规划,在经济发展基础良好的地方设立或创办高科技产业园区,推动高新技术产业和先进制造业的发展,出台相应的细则和办法,给予一定的税收优惠和扶持政策,鼓励和支持民间资本投向高新技术产业和先进制造业,分流部分民间资本,促进民间资本的理性投资。

4.鼓励民间资本投资基础设施行业和垄断性行业

基础设施行业虽然已经进行了开放试点,但对民间资本投资仍有诸多限制。

垄断性行业如电力、石油、烟草、通讯等行业,目前也有所放开,但对广大的民间投资者来说,投资渠道仍然十分有限。因此,我国要借鉴发达国家经验,推进基础设施行业的民营化、市场化,开放垄断行业,引入竞争,为民间资本创新投资增加机会,同时,通过市场竞争,激发这些行业的活力。

5.培育农村民间资本市场

对于小额民间资本来说,投资金融产业、高新科技产业、先进制造业、基础设施行业都存在资本不足的问题,没有合适的投资渠道,这些小额、分散的民间资本如果不能有效分流,必然在各行业游离、炒作,因此,培育民间资本市场十分重要,应允许小额、分散的民间资本,以民间资本市场为中介,进行理性投资。但在民间资本市场设计上,必须规定其投向和细则,尽可能防范各种风险,特别是防止其投机性投资。

6.加强民间资本投资"窗口"指导

政府职能部门成立专项研究小组,做好农村民间金融监测和地方重点行业投资前景分析。按月发布农村民间金融监测报告,提示民间金融投资风险;按季度发布重点行业投资前景分析报告,提示各行业发展前景和投资风险,为民间资本的理性投资提供"窗口"指导,尽量避免民间资本乱投资现象。

小　结

农村民间金融的监管与规范是一项系统工程,涉及面很广,必须从多方面入手,科学解决。

首先要借鉴其他国家或地区的成功经验。美国、日本的经验告诉我们,必须正确认识和评价民间借贷,通过法律规制和分类监管,加强对民间金融的监管,同时,通过筹融资渠道对民间金融进行积极的疏导。

在农村民间金融的异化发展中,政府监管不力是重要原因,要规范农村民间金融,首先必须正确界定政府的角色。政府在民间金融的管理上,要遵循"执政为民、公正协调"的基本原则:要尊重民众的金融权利,了解民众的金融需求,激发民间资本活力,通过法律规制和政府监管规范民间金融,引导民间金融理性健康发展。民间金融应该按市场规则运行和发展,但政府应该发挥把关人的作用,将主要工作重点放在民间金融的规制和疏导上,而不是压制上。

农村民间金融的疏导,应以解决"两多两难"为抓手,推进农村金融的深化改革,增加农村金融服务供给,同时,不断拓展农村资本投资渠道,引导民间理性投资。创新小微企业融资服务体系,主要从农村金融组织创新、小微贷款业务创新、积极推进社区共建等几方面入手。民间资本投资引导主要从明确民间资本投资方向、鼓励和支持民间资本进入金融产业、鼓励民间资本投向高新技术产业和先进制造业、鼓励民间资本投资基础设施行业和垄断性行业、培育农村民间资本市场、加强民间资本投资"窗口"指导等几方面入手。

第六章
农村民间金融法律规制与监管

第一节　农村民间金融的法律规制

一、农村民间金融立法现状

(一)没有形成完整而统一的法律体系

我国民间金融活动没有做出专门性立法,有关法律规定散见于《民法通则》《合同法》《商业银行法》《证券法》《刑法》及最高人民法院的司法解释之中,没有形成完整而统一的法律体系。

由于没有统一而完整的法律体系,相关法律规定散见于众多法律规范和司法解释之中(见表 6-1),由于各部门考虑问题出发点的差异,相关法律规定之间的协同性差,甚至造成了不同法律法规之间的冲突现象。

表 6-1　有关民间融资法律责任一览表

责任类别	法律条款
民间融资的行政责任	《商业银行法》第 83 条 《证券法》第 175 条 《贷款通则》第 73 条 《非法金融机构和非法金融业务活动取缔办法》第 22 条
民间融资的民事责任	《民法通则》第 106 条、117 条、134 条 《合同法》第 107 条、207 条 《人民法院关于审理借贷案件的若干意见》第 10、11 条

续　表

责任类别	法律条款
民间融资的刑事责任	《非法金融机构和非法金融业务活动取缔办法》第 22 条 《商业银行法》第 81、82 条 《最高人民法院关于审理非法集资案件具体应用法律若干问题的解释》第 7 条 《刑法》第 176、179、192 条

（二）没有确立民间金融的法律地位

近几年,学界对民间金融的"合法性"问题存在广泛的争论,其主要的原因就是法律上对民间金融的合法地位没有确认。我国虽然给私人直接借贷确立了合法地位,但对合会、私人钱庄、民间集资等民间金融形式和活动的合法性都没有予以承认,使得这些民间活动和组织都在"灰色地带"运行,缺乏必要的法律规范。

（三）没有明确监管机构

关于民间金融的监管机构,相关法律法规的规定混乱,在《非法金融机构和非法金融业务活动取缔办法》(以下简称《"两非"办法》)中规定中国人民银行承担民间金融的监管责任,但在《"两非"办法》没有失效的前提下,2003 年颁布的《银行业监督管理法》和 2005 年国务院规定并确定银监会负责民间金融的监管和对非法集资的认定、查处和取缔及相关的组织协调工作。这样混乱的规定,等于没有明确民间金融的监管机构,民间金融到底该归口中国人民银行还是银监会,没有法律依据(滕昭君,2011),造成了地方金融办只负责审批小贷公司等金融机构,却不管监督,中国人民银行对民间金融只监测不监管,银监会只关心民间金融对银行业的负面影响。

（四）没有明确罪与非罪的标准

现行有关法律法规并没有明确合法金融与非法集资、非法吸收公众存款之间的区别,仅仅是做出了 4 倍利率的一个规定,并没有明确具体的罪与非罪的标准,也缺乏民间金融执法的具体标准。4 倍的利率规定以央行的基准利率为标准,本身就不固定,没有明确的利率界限。没有明确而具体的法律界定,相应法律的导向作用很难发挥,当事人也很难判断自身的行为到底是不是违法,相应的政府监管机构和司法机构在民间金融执法上也容易发生偏差。

（五）法律责任缺陷

在我国现有法律框架中,虽然规定了行政责任、民事责任和刑事责任,这些责任都可以对民间金融进行规制,但由于民间金融立法的滞后,这些法律责任并没有在民间金融中发挥出应有的作用。由于现行法律对民间金融的民事责任没有做出具体规定,只能参照《民法通则》和《合同法》的相关责任条款,导致民间金融相关权利得不到有效保障。虽然规定了民间金融和行政责任,但在民间金融出现风险时,行政责任的适用性十分有限,不能对地方政府及相关人员的没有作为做出相应的行政处罚,而是直接追究民间金融融入方的刑事责任。从严打击的刑事责任方式虽然能在一定程度上抑制金融违法犯罪现象,但也抑制了合理的民间金融现象。

二、农村民间金融法律规制的理念和原则

(一)农村民间金融法律规制的理念

1.以赋予融资自由为先导

民间金融的法律规制,必须承认和尊重民间金融活动和组织的合法性,保护合法融资活动和组织的权利,赋予公民融资自由的权利,赋予公民自由支配和使用自有资金的权利。通过融资自由权利的赋予,激发民间金融市场的活力,为社会主义新农村建设服务。

2.以权利公平配置为根本

目前的金融体系和结构不能使得弱势群体和组织获得公平的金融权利,资金和资源的配置向富有阶层倾斜,正是因为权利配置的不公平,才滋生了民间金融活动和组织。民间金融的法律规制,不应该是限制民间金融活动,而是引导民间金融的规范化运行,更好地为弱势群体融资服务。

3.以提升金融效率为核心

通过法律规制、政府监管、民间自律,加强对民间金融的规范和引导,形成民间金融良好发展的市场氛围,减少或杜绝民间融资乱象,促进金融创新,提升金融服务经济的效率。

4.以维护金融安全为后盾

民间金融的异化发展,影响了金融秩序,对金融安全造成隐患,因此,民间金融的法律规制,要规范民间金融的市场运行,起到对正规金融的正向补充作用。民间金融的法律体系和辅助法律体系,要能对民间金融起到规范引导作用,使民间金融在法律允许的范围内,开展正常的借贷活动,保障民众的投融资权利,减少市场失灵所造成的对金融秩序的损害。

(二)农村民间金融法律规制的原则

1.目标明确原则

对民间金融进行法律规制的目的,就是要管制非法金融活动和由此造成的社会负面影响,抑制或降低其异化发展对社会经济所产生的消极影响,促进民间金融稳定、健康、理性发展,促使民间金融与正规金融发挥优势互补的作用,发挥出民间

融资对社会经济发展的积极作用。如果这个目标不明确,为规制而规制,民间金融问题不但难以解决,还会产生新的问题。

2. 系统监管原则

民间金融形式多样,规模不一,但都与社会政治、经济生活息息相关,因此,要确立系统监管的原则,确立系统化的法律规制思路,并且,对于新形势下民间金融发展态势要有前瞻性,而不能仅仅站在过去的民间金融现象或某种民间金融现象进行立法。因此,要在充分调研和分析民间金融发展现状和未来发展趋势的基础上,对民间金融进行准确分类,然后梳理现有法律法规的相关规定,进行废止和整合,使得民间金融立法系统化、科学化;必须健全农村民间金融的监管体系,分层监管,分类监管。

3. 分类监管原则

农村民间金融历史悠久,形式多样,内生于农村社会,现阶段仍然具有生存和发展的社会经济基础,因此,对民间金融要在分类的基础上适度规制。对个人之间的借贷,一方面不具有社会影响性,另一方面,也具有偶发性和隐蔽性的特点,无法监管,因此,不需要专门立法,只需要通过民事法律规制。民间金融立法规制的重点是合会、钱庄、P2P 网贷等组织性借贷,必须通过《民间融资法》进行明确规定。

4. 规范化原则

农村民间金融的法律规制就是为了防治民间金融风险,促进其规范化运行,因此,在农村民间立法中必须对金融的组织形式做出规定,对具体的借贷形式和责任义务做出规定,对民间金融的利率限制做出规定,对民间金融的监管体制做出规定,对违法金融的要件和责任追究做出规定,通过一系列的法律规定,促进农村民间金融的规范化运行。

三、农村民间金融法律体系的构建

(一)理顺现行民间金融法律法规

由于我国对民间金融没有专门性立法,只是在相关法律法规中做出了相应的规定,各项规定的散乱,既不利于普通民众的学习和遵守,同时对民间金融的法律规制也造成了不利影响,因此,有必要对现有法律法规中相关条款进行废止和修改。在《中国人民银行法》《银行业监督管理法》《商业银行法》等有关法律中都有对民间借贷的强制性规定,有必要进行废止,将有关民间借贷的强制性规定统一到民间融资法中。《非法金融机构和非法金融业务活动取缔办法》和《刑法》中虽然都有非法吸收公众存款罪和非法集资罪的规定,但有关违法行为的要件规定不够明确,无法作为判定金融犯罪的依据,必须进行修改,重点是明确具体的违法要件,而不能再靠高院的解释来做补充规定。

（二）制定并出台《民间融资法》

《民间融资法》作为民间金融的专门性立法，必须符合法律规制的理念和原则，同时对有关要件、责任、管理等必须做出明确规定，既要符合民商法的基本精神，又要符合金融管理秩序的相关规定，其基本内容见图 6-1。

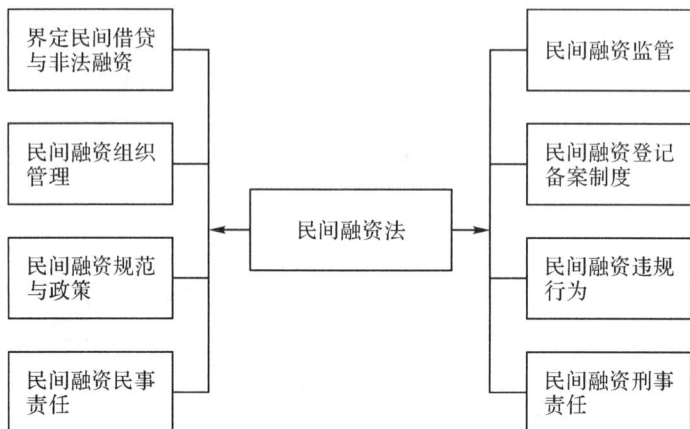

图 6-1 《民间融资法》的基本内容

1. 界定民间借贷与非法融资

《民间融资法》应尊重民众的投融资权利，尊重其对财产和资金的支配权和收益权，允许合法借贷形式的存在，但必须明确界定民间借贷与非法融资，区分民间借贷行为与非法集资行为，鼓励正当的民间借贷行为，允许生产经营所需的内部集资行为，打击非法集资行为，坚决取缔地下钱庄等非法融资的存在。

2. 规范民间融资组织管理

首先是规范民间融资的组织形式。民间融资组织形式多样，并且存在异化发展，要规范民间融资，必须对其组织形式做出明确规定，促使其规范化发展。对民间融资组织的规范应建立在对组织宗旨合法性、活动合法性的基础上，明确违法组织的构成要件和应负的法律责任，对合法的民间融资组织予以保护，对违法的融资组织予以打击。

其次是规范其业务范围和融资方式。对各种民间融资组织的业务范围做出明确规定，明确其业务边界。规定民间融资组织的资金来源和筹措资金的方式，规定向其融资的借款人范围和融资方式，在相关规定中应明确优先支农支小、支持实体经济的发展，限制其进行投机性融资。

第三是规范其民间融资行为。根据《合同法》《担保法》《物权法》等有关规定，对民间融资活动中的主要行为要件做出规定，包括权利义务、融资方式、期限范围、利率界限、违约责任等,促进其合规运行。

3.规范民间融资监管体系

目前的民间融资监管存在模糊监管、过分监管和多头监管等多种问题,不利于明确监管主体和监管责任,也不利于发挥出有关监管机构的监管积极性,因此,在《民间融资法》中应按分类监管原则,规定监管主体和职责。

4.完善民间融资民事责任

我国目前的民间融资民事责任还局限在还本付息,应将民间融资的民事责任方式扩大到损害赔偿、违约金等,要求相关责任人除按要求还本付息外,还要求支付约定损害赔偿金,要求支付赔偿性的违约金。

5.完善民间融资行政责任

行政监管一直是民间金融监管的主要方式,但在目前,相关行政机构和工作人员却没有很好履行对民间融资的行政监管职责。在目前的行政责任中只有在发生民间融资纠纷或重大民间融资案件时,才追究相关行政责任,缺乏预警和预防功能,我国应建立起协调的行政监管网络,全方面监管民间融资活动和行为。

6.完善民间融资刑事责任

首先对"非法集资"进行立法解释。禁止非法金融机构吸收公众存款,进行货币资本经营,但如果是采取内部集资方式融资进行生产经营活动的,就不应该纳入"非法集资"范畴,在界定合法的民间融资和"非法吸收公众存款""变相吸收公众存款"时,不应以不特定对象或范围大小来判断,而可以从融资目的上予以规定(李奇菲,2011)。

其次,高利贷的入罪性问题。虽然有观点认为,高利贷具有必然性和合理性,不应入罪(邱兴隆,2012)。但是高利贷违反了资金的运动规律,推动了民间金融的非理性繁荣,目前爆发的各种借贷危机都是高利因素在背后推动,应予以限制,并且根据历史经验和国际经验,为促进民间借贷的健康发展,必须对高利采取限制政策,因此,在《民间融资法》中应对高利贷的刑事责任做出规定,但必须明确其具体标准和要件。

(三)完善民间金融配套法律制度

1.建立民间金融契约制度和担保制度

由于民间金融往往凭借口头协议,即使有借条,也不够规范,不利于对合法的民间借贷债权的确认和保护,因此,可以将《合同法》适用范围扩大,引导民间借贷双方签订完善的借贷合同。同时,将《担保法》《物权法》的适用范围也扩大到民间金融领域,增强对借贷双方权益的保护,减少民间借贷纠纷案件的发生。

2.建立民间融资破产法律制度

修改民商事法律体系,确认并保护民间金融投资者的合法财产权利,并将《破产法》适用范围扩大至自然人,允许民间金融组织者或借贷参与者以破产财产清偿债务。

第二节 农村民间金融监管体系

一、农村民间金融监管原则

(一)依法监管原则

《民间融资法》是农村民间金融法律规制的主要法律,在该部法律中,除对合法与非法借贷做出界定外,还要明确民间金融的监管主体、监管程序、监管责任和监管内容。农村民间金融监管机构以《民间融资法》为依据,对民间融资的合规性进行监管,包括内部治理结构、业务运行模式、业务范围及信贷投向、风险控制程序和措施等,促进民间金融的规范化发展。

(二)适度监管原则

政府对民间金融的监管目的是发挥出其积极作用,防止民间金融风险,减少其负面影响。民间金融监管的目标不仅在于判断某金融行为是否合法,依法对非法的民间金融行为进行处罚,更重要的还在于为民间金融提供服务和引导(刘少军,2012)。农村民间金融监管,对违法的金融活动、组织和行为要严格,但对符合法制化建设要求的合法金融活动、组织和行为不应干预。

(三)分类监管原则

民间金融形式多样,规模和社会影响不一,没有必要建立全面的监管体系,政府也没有必要对民间金融实施全面的监管。我们应该根据民间金融的形式及社会影响,实施分类监管。

第一,亲朋好友之间的互助性借贷,活动形式更加隐蔽,存在十分广泛,并且具有良好的扶贫、互助和社会稳定作用,即使发生违约行为,也不具有社会影响力,没有必要进行监管,但应在法律上鼓励其契约化发展,鼓励其到民间借贷登记中心登记,以便监测社会融资规模,促进其规范化发展。

第二,企业内部集资活动,既是民营企业在成长阶段需要银行融资支持而得不到信贷满足条件下的一种次优选择,也是民营企业为了激发员工积极性、增强企业凝聚力而实施的类似员工持股计划的一种制度安排,具有良好的正向经济功效,只要集资活动发生在企业内部,没有扩散到周边社区居民,就不应该以非法金融活动予以打击,不能再有类似孙大午案件的发生,但应该在事前加强监督与审核,可选择事前备案制度,尽量避免社会风险的发生。

第三,对于通过民间金融中介组织进行的间接融资活动是监管的重点。民间金融中介活动,一方面助长了目前的"影子银行"问题,另外一方面,由于其组织化程度高,金额往往相对较大,一旦发生风险,容易造成较大的社会问题,直接影响当地的稳定,必须予以严格监管。对非法"抬会"事件,既要严格监控,一旦发现有非法"抬会"现象必须立即取缔,并要追究"会首"的刑事责任,以高昂的违法成本减少类似违法案件的发生。对担保公司违规吸收"存款"和发放贷款行为,必须严格取缔,追究刑事责任,不能姑息养奸。

（四）风险防范原则

农村民间金融的异化发展,潜藏很多风险,如信用风险、流动性风险等,这些风险一旦发生,必定对社会经济形成负面影响,因此,农村民间金融监管的重要任务是防范风险。农村民间金融监管机构采取现场监管与非现场监管手段,重点对合会、小额贷款公司、融资性中介机构、P2P网络借贷进行合规性监管,对监管中发现的风险行为要及时提示整改,对监管中发现的违规违法行为,要及时对机构和人员追究责任,促使各种民间金融组织违法合规运行,减少各类风险事件的发生。

二、农村民间金融监管主体

根据分类监管原则,农村民间金融的主体也因民间金融组织类型不同,分类确定(见表 6-2)。

表 6-2　民间融资监管主体与监管责任

监管主体	监管范围	监管责任
中国人民银行	民间金融监测	建立健全民间金融监测体系,对民间金融规模、资金来源与投向、利率水平等进行监测,并将监测信息抄送银监会、地方金融办
银监会	P2P网络借贷	建立健全P2P网络借贷监测体系,采用网络监测手段和非现场监管方式,对P2P网络借贷的合规性与风险进行监管
地方金融办	小额贷款公司、合会、资金互助组织、融资性担保公司等融资性中介	建立省、市、县三级监管体系,对除P2P网络借贷以外的民间金融组织进行合规性监管,防范各种民间金融风险的发生

1. 中国人民银行

中国人民银行是中央银行,主要承担货币政策与宏观调控职能,对民间金融负有一定的监管责任,但在分业监管体系下,人民银行缺乏对民间金融进行监管的资源,因此,在民间金融监管体系中主要承担民间金融监测职能,并且,人民银行已经在民间金融监测上积累了一定的经验,具有一定的监测技术。

2. 银监会

银监会虽然具有丰富的金融监管经验,但目前的监管任务已经十分繁重,不能过多地承担民间金融监管责任。鉴于P2P网络借贷以网络为基础开展借贷活动,地方金融办对其监管具有局限性,因此,由银监会承担对P2P监管的主要职责,综合证监会、保监会和地方金融办的各项监管资源,对P2P网络借贷进行综合性监管。

3. 地方金融办

民间金融活动主要在县域范围内活动,因此,由地方金融办承担民间金融的监管责任最为合适。但目前地方金融办的监管能力不足,需要加强地方金融监管能力建设。

一是从法律上明确地方金融办负责民间金融的监管职责,赋予其民间金融监管执法权力,同时,要求中国人民银行、银监会、证监会、保监会对地方金融办予以业务指导和监管协调。

二是建立省、市、县三级监管体系。改造省级金融办,授予地方金融监管、准金融监管职责,建立省、市、县垂直管理的三级监管体系,增强地方金融监管力量,引进和培养专业的监管人才,提升其对民间金融综合监管的能力。

三是建立和完善地方金融稳定协调运行机制。建立地方监管部门与"一行三会"的信息沟通与协调机制,促进监管联动,形成协调监管的良好机制,共同防范和化解区域金融风险(王英等,2013)。

4. 协助监管机构

由于民间金融的资金运用除满足生产、生活需要外,还可能用于投资用途,因此,为了更好地对民间金融进行监管,需要相应的监管协助机构,银监会(在P2P网贷以外的民间金融)、证监会和保监会对地方金融监管机构提供协助,共享监管资源,提升监管效果。

三、民间金融监管内容和监管指标

(一)民间金融监管内容

根据分类监管原则,对个人之间的偶发性借贷,不纳入监管范围,因此监管的重点是P2P网络借贷平台、小额贷款公司、合会、资金互助组织、融资性担保公司等融资性中介,因此监管内容主要包括市场准入、合规性监管、内控机制与风险防范、退出机制等(见表6-3)。

表 6-3　民间金融监管内容与方法

监管内容	监管方式	监管方法
市场准入	前置性监管	通过审批和登记,符合条件的机构予以市场准入
合规性监管	审慎性监管	非现场检查为主,结合监测与现场检查,促使合规经营
内控机制与风险防范	审慎性监管	非现场检查,促进建立健全内部控制机制与风险防范机制
退出机制	风险处置	退出条件,建立债务清偿与债权人保护机制

(二)民间金融监管指标

民间金融监管的指标主要包括资本充足、运行机制、流动性、风险防范等几个方面指标,具体指标体系见表 6-4。

表 6-4　民间金融监管指标

指标类别	监管指标	指标要求
资本充足	实收资本	P2P 网络借贷、小额贷款公司、资金互助组织、融资性担保公司等必须达到最低资本起点要求
	杠杆率	小额贷款公司可以向银行获得融资,但杠杆比率不得超过 2 倍,资金互助组织、融资性担保公司杠杆比率不得超过 5 倍,P2P 网络借贷平台杠杆比率最高不得超过 10 倍
	资本补充	明确内源性和外源性资本渠道
运行机制	高管资格	高管人员必须具备地方金融监管机构认定的资格标准
	专业人才	具备法务、风控、财务等专业人才队伍
	规章制度	具备完善的符合《公司法》和监管要求的规章制度
	内控机制	具备符合监管要求的完善的内部控制机制
	业务范围	在核定的业务范围内开展经营,产品和工具创新按照地方金融监管机构规定的要件进行审批和核准
	利率	符合法律所限定的利率范围
流动性	流动性覆盖率	流动性资产的质量与稳定性必须符合监管要求
	净稳定融资比率	长期稳定资金来源对其资产业务发展的支持能力必须符合监管要求
风险防范	风险准备金	风险准备金的来源和比率符合监管要求
	债权人保护机制	债权人保护机制符合监管要求
	纠纷解决机制	纠纷解决机制符合监管要求

该监管指标体系既符合宏观审慎监管要求,又针对农村民间金融运行特点进行设计,具有一定的操作性。在实际监管过程中,可结合农村民间金融的发展实际进行修正和量化。

第三节　农村民间金融监测与登记

一、民间融资监测体系面临的问题

（一）监测点选择并不科学

目前的农村民间借贷监测普遍选择农村信用社作为主要的监测点，以农村信用社为监测点虽然具有一定的优点，如网点覆盖面广、社会关系网络广泛等，但存在一些问题。

首先是数据的真实性问题。贷款企业和个人存在如实上报民间借贷会影响信用等级的认定、影响贷款可获得性，他们会或多或少隐瞒民间借贷的情况，特别是瞒报高利率的民间借贷，致使数据的真实性大打折扣。

其次是数据的普遍性和代表性问题。农村信用社监测的样本主要局限在有存贷业务往来的企业和个人，如果其存贷业务与其他银行往来，或者不与农村信用社发生业务往来，以民间借贷为其融资渠道的小微企业和个人则无法纳入监测体系，使得监测数据缺乏普遍性和代表性。

（二）监管主体不明确，监测费用难以落

由于法律上的欠缺，农村民间金融存在监管主体不明确和多头监管的现象。由于中国人民银行职能的调整，基层人民银行本来就经费紧张，无法完全承担农村民间金融监测工作，相应监测点的工作积极性也受到限制。

（三）全面监测存在较大难度

由于受下列因素影响，不管是规模、利率，还是借贷用途，全面监测农村民间金融存在一定的难度，监测数据的真实性和可用性值得怀疑。

第一，民间借贷具有临时性和隐蔽性。民间借贷是由于企业和个人在生产、生活中的临时性资金需要而发生的临时性借贷行为，往往凭借口头约定，借贷分散而且隐蔽，很难监测和统计。

第二，农村民间借贷受到监测技术的限制。中国人民银行虽然承担了农村民间借贷的监测任务，但缺乏相应的监测技术和手段，特别是随着亲缘、业缘关系的扩张和农民流动的加强，跨县、跨地区甚至是跨省借贷的增多，民间借贷流动性进一步增强，民间借贷更加隐蔽和分散，信息收集难度增大。

二、农村民间金融监测优化路径

（一）加强法律保障

《民间融资法》应规定农村民间金融监管主体和监测主体,明确监测经费来源、经费使用办法,促使相关监测主体配备监测人员,完善监测技术和手段;规定民间借贷双方的申报、登记义务,增强民间借贷申报的自觉性和积极性,促进农村民间借贷的阳光化发展,增强监测数据的全面性、真实性和可用性。

（二）明确监测主体

农村民间借贷形式多样,活动广泛,并且有很多借贷活动的发生十分隐蔽,中国人民银行缺乏充足的监测资源,因此在具体监测的落实上,应以中国人民银行为主体,基层政府辅助并向中国人民银行报送监测数据。基层政府是指乡镇级政府,包括乡、镇、街道级政府,其特点是深入农村、了解农村,对农民的生产、生活情况了解,也容易了解农村小企业和农民相互之间发生的借贷情况。基层人民银行是指中国人民银行县支行,基层人民银行虽然具备金融调查统计的技术,但由于人员配备有限,也缺乏与企业、农民之间的联系渠道和纽带,无法开展实地性调查,也无法核实各项民间借贷数据。基层政府与基层人民银行各有优势,规定二元性监测主体,有利于两者优势互补,提高监测效率。

确定二元性监测主体之后,必须明确基层政府与基层人民银行的职责范围。基层政府主要职责是收集乡镇范围内民间借贷的基本情况和基础性数据,报基层人民银行汇总。基层人民银行利用监测点所收集的监测信息,结合基层人民政府所上报的借贷信息和数据,进行数据汇总、整理和分析,并形成农村民间金融监测报告。

（三）优化监测方式

第一,结合备案登记,进行分层监测。建立农村民间借贷登记中心,要求各社会主体向民间借贷登记中心进行登记,将备案登记数据作为监测数据。农村民间融资分层监测体系如表 6-5 所示。

表 6-5　农村民间融资分层监测体系

融资类型	监测对象	监测方式
普通民间借贷	农村信用社系统	监测点监测,按月汇总
生产性融资	小额贷款公司	小额贷款公司经营和利率数据统计
短期垫资性融资	融资性中介	监测点监测,匿名数据统计
融资性中介社会融入资金	融资性中介	典型调查

第二,进行网络监测。随着网络借贷的发展,P2P 借贷的比例逐渐上升,因此,

农村民间借贷的监测除了分层监测和备案登记以外,还要重点关注网络借贷的发展。通过对网络借贷的监测和分析,掌握民间借用途的变化、利率趋势等。

第三,合理确定筛选民间融资监测对象和监测点。理论上,所有民间融资的活动主体都应该是监测对象,将民间借贷的供需双方都纳入监测体系,这样的监测数据才完整,但实际上,全面监测实施难度大,监测数据也无法保证真实性,因此,在监测对象上应有所侧重,主要包括小额贷款公司、融资性中介机构、资金互助组织、合会、P2P借贷平台和小微企业。另外,应选择农户较多且经济比较活跃的村镇个体工商户比较集中的城郊、集镇以及合会活动活跃地区作为民间借贷监测点。

第四,进行逐月的流量测算和不定期的存量测算。对民间金融的监测应该是动态监测,在民间金融活跃时期,监测的频度应该加大,以逐月监测为主,结合不定期的监测;如果是在民间金融发展平衡时期,可以适当降低监测频度。

(四)优化监测内容

农村民间借贷监测的主要目的是为了掌握农村民间借贷资金来源、渠道选择、资金用途、利率趋势等(见表6-6),通过对这些内容的掌握和了解,分析农村民间借贷规模和利率水平对宏观经济的影响和可能带来的社会风险,及早采取措施预防、化解风险。

表6-6 民间融资监测内容

项目	指标	监测要点
借贷资金来源	富余资金 暂时闲置资金 亲友借款 生产性资金 银行贷款	监测重点:银行贷款流入民间借贷市场,生产性资金流入民间借贷市场
借贷渠道	亲友借贷 小额贷款公司 钱庄 融资性担保公司 合会	监测重点:钱庄、融资性担保公司、合会等各种渠道
资金用途	生产经营用途 消费用途 投机性用途	监测重点:用于炒房、炒股等各种投机性用途。
利率水平	无息 月息1分5以内(含) 月息2分以内(含) 月息3分以内(含) 月息3分以上	监测重点:月息1分5以上的借贷

(五)及时披露监测信息

监测主体要及时向社会披露监测信息,为宏观管理部门、社会融资主体提供参考;主要向社会发布民间融资利率和规模月报,为农村民间借贷利率提供决策参考;同时,要重点提示每一阶段农村民间借贷趋势和风险点,提醒社会融资主体注意风险的防范。

三、实施民间借贷登记备案制度

（一）民间借贷登记备案制度的意义

1.促进信息对称,减少借贷风险

实施民间借贷登记备案制度,公开借贷双方信息,特别是公开资金融入方的生产经营和债务信息,有助于资金借出方了解自身所面临的借贷风险,避免为了高利贷而出现的投机行为,减少借贷风险,促进民间借贷的稳健运行,减少企业因资金链断裂而"跑路"对社会造成的负面影响。

2.有利于监测和监控

农村民间借贷的隐蔽性,加大了民间借贷监测的难度,难以全面了解民间借贷的规模、利率和走势,也不利于风险借贷风险控制。民间借贷登记备案制度促进了农村民间借贷阳光化运行,有利于监测和监管,同时,也有利于及时发现民间借贷隐含的风险,及早采取措施预防和化解风险。

3.有利于国家宏观调控

民间金融的繁荣,使得大量的借贷资金在银行体系外运行,社会流动性和社会融资总量的测算存在很大的偏差,不利于宏观调控;中央银行也难以准确计算广义货币供应量规模,容易出现货币超规模发行现象。实施民间借贷登记备案制度,有利于将民间借贷纳入社会融资规模总量计算,使货币政策更有针对性。

4.有利于社会征信管理

民间借贷是农民和小微企业的融资重要渠道,其融资信息属于征信资料收集范围,因此,应将民间借贷作为重要的征信信息纳入管理,增强征信的准确性和可用性,同时,将民间借贷纳入征信系统,也有利于改善社会信用环境,同时,也为民间借贷的良性发展营造良好的社会信用环境。

5.有利于反洗钱管理

民间借贷特别是P2P借贷平台滋生了洗钱问题,将民间借贷纳入登记以后,有助于对大额、可疑的民间借贷进行管理和分析,切断利用民间借贷进行洗钱的途径,减少洗钱现象。

6.有利于廉政建设

目前,部分公务员也参与了农村民间借贷,部分农村民间资金来自"灰色收入"。实施民间借贷登记备案制度,有利于切断部分公务员利用"灰色收入"参与民间借贷获利的途径,有利于抑制腐败,推进廉政建设。

(二)民间借贷登记备案制度构建

1.民间借贷登记备案制度的原则

(1)保护合法借贷。在明确民间借贷合法的前提下,允许非金融企业、个人之间合法借贷,经备案制度的民间借贷将受到国家法律的保护。《最高人民法院关于人民法院审理借贷案件的若干意见》虽然规定了超出银行基准利率4倍的民间借贷法律不予保护,但并没有不允许超出同期银行贷款利率4倍的利息约定(刘海应等,2012),因此,即使高于银行贷款利率4倍的借贷仍然是合法借贷,也应准予登记,但应引导民间借贷利率的理性化,尽量控制在4倍利率范围之内。

(2)坚持自愿原则。民间借贷登记备案制度的实施必须基于自愿的原则,不能强制登记。通过对民间借贷登记备案制度的宣传,让广大农民体会到登记备案制度的优势,在了解并接受登记备案制度的基础上,自觉自愿进行登记,并形成借贷登记的习惯。

(3)风险提示和公证。民间借贷登记备案机构应掌握国家产业政策、典型行业发展趋势、借方企业业务经营和债务负担等各项信息,对民间借贷资金出借方进行风险提示,引导民间借贷理性发展,减少借贷风险。借贷登记具有公证效力,并成为借贷纠纷处理的重要依据,减少农民在借贷纠纷时的举证困难。这两点是引导广大农民进行自愿登记的重要基础。

(4)费用合理。民间借贷登记机构运行模式是公益性模式和商业化模式,商业化模式由于其运行成本较高,需要收取的登记费用也较高,在目前的条件下,宜采用公益性模式或政府补贴,尽量把登记费用控制在较低的水平范围内或免费登记,以免增加借贷成本,也有利于提高借贷备案登记的积极性。

2.民间借贷登记备案制度运行机制

(1)民间借贷登记备案机构。与民间融资二元性监测主体相适应,民间借贷登记备案主要由中国人民银行基层支行负责,但是考虑到中国人民银行基层支行的力量,以及登记备案的便利性问题,以基层政府备案登记并汇总到中国人民银行基层支行为宜。因为,中国人民银行基层支行的力量有限,还承担着金融调查统计任务,并且人民银行不可能到每个乡镇去设立备案登记网点,如果让借贷双方都跑到县城人民银行来备案登记也不可行。

(2)登记内容与登记程序。民间借贷登记中心根据监管要求开发"民间借贷登记系统",设计统一格式的《民间借贷登记确认书》(以下简称《确认书》),由民间借贷当事人在《确认书》上登记借方、贷方、金额、期限、利率等有关要素并签字确认以后,交由借贷登记中心工作人员审核、输入登记系统并签章以后生效,经签章生效的《确认书》借方、贷方和借贷登记中心各持一份,作为有效的书面借贷凭据。

小　结

我国目前对民间金融没有形成完整而统一的法律体系,没有确立民间金融的法律地位,没有明确监管机构,没有明确罪与非罪的标准,法律责任也存在缺陷,使农村民间金融的监管与规制无法可依,必须尽快完善相应法律体系,实现法律规制。

农村民间金融的法律规制必须坚持目标明确、系统监管、分类监管和规范化的原则。重点是通过废止和修改理顺现行民间金融法律法规,制定并出台《民间融资法》,完善民间金融配套法律制度。《民间融资法》的基本内容主要包括界定民间借贷与非法融资、规范民间融资组织管理、规范民间融资监管体系、完善民间融资民事责任、行政责任和刑事责任。

农村民间金融监管要坚持依法监管、适度监管、分类监管和风险防范原则。根据分类监管原则,农村民间金融的主体也依照民间金融组织类型来确定分类。中国人民银行主要承担民间金融监测职能,银监会承担对P2P监管的主要职责,地方金融办承担其他民间金融组织的监管责任,人民银行、银监会、证监会和保监会对地方金融监管机构提供协助,共享监管资源,提升监管效果。

根据分类监管原则,对个人之间的偶发性借贷,不纳入监管范围,因此监管的重点是P2P网络借贷、小额贷款公司、合会、资金互助组织、融资性担保公司等融资性中介,因此监管内容主要包括市场准入、合规性监管、内控机制与风险防范。民间金融监管的指标主要包括资本充足、运行机制、流动性、风险防范等几个方面指标。

农村民间金融监测与登记是农村民间金融监管与规范的重要工作,由于目前的监测存在一些问题,通过相应法律的完善,明确农村民间金融监管主体和监测主体,明确监测经费来源、经费使用办法,促使相关监测主体配备监测人员,完善监测技术和手段;规定民间借贷双方的申报、登记义务,增强民间借贷申报的自觉性和积极性,促进农村民间借贷的阳光化发展,增强监测数据的全面性、真实性和可用性。

参考文献

[1]JOHN N. DROBAK.规范与法律[M].北京:北京大学出版社,2012.

[2]MABEL BEREZIN.情感与经济——经济社会学手册[M].北京:华夏出版社,2009.

[3]阿罗.信息经济学[M].北京:北京经济学院出版社,1989.

[4]安菁蔚,任大鹏.我国农村非正规金融的法律思考[J].中国农村观察,2005(4):60-64,80.

[5]白钦先,丁志杰.论金融可持续发展[J].国际金融研究,1998(5):28-32.

[6]白钦先.再论以金融资源论为基础的金融可持续发展理论——范式转换、理论创新和方法变革[J].国际金融研究,2000(2):7-14.

[7]白阳春.现代社会信任问题研究[M].北京:中国社会出版社,2009.

[8]鲍静海,吴丽华.德、法、美、日合作金融组织制度比较及借鉴[J].国际金融研究,2010(4):48-53.

[9]毕德富.宏观调控与民间借贷的相关性研究[J].金融研究,2005(8):188-191.

[10]蔡四平.规范我国民间金融发展的路径选择[J].中央财经大学学报,2011(2):21-26.

[11]曾康霖,程婧,王艳娇.我国典当业的性质及可持续性研究[J].金融研究,2005(12):6-15.

[12]曾康霖.试论我国金融资源的配置[J].金融研究,2005(4):12-15.

[13]曾维君.略论中国古代高利贷资本利率演变趋势[J].湖南社会科学,2001(2):77-80.

[14]钞小静,任保平.经济转型、民间投资成长与政府投资转向[J].经济科学,2008(2):5-15.

[15]陈晨.P2P网络信贷平台监管研究[J].济南大学学报(社会科学版),2014(5):72-76.

[16]陈捷,陈静,张旭辉.民间资金中介机构现状、问题与政策建议[J].金融理论与实践,2011(11):38-42.

[17]左柏云.民间金融问题研究[J].金融理论与实践,2001(5):21-22.

[18]陈蓉.法与金融理论的发展与民间借贷法制化的路径选择[J].求索,2010(6):135-137.

[19]陈蓉.论民间融资法律规制理念的反思与重构[J].浙江金融,2011(7):22-26.

[20]陈柏峰.熟人社会:村庄秩序机制的理想型探究[J].社会,2011(1):233-241.

[21]陈宝卫.民间资本进入金融服务领域现状及存在问题分析[J].时代金融,2012(10):121-122.

[22]陈景善,王萍.日本非法民间金融防范的法律分析[J].中国政法大学学报,2012(5):37-44.

[23]程蕾.民间金融实证研究——以温州为例[J].财贸经济,2004(2):39-42.

[24]崔慧霞.农村民间金融的绩效分析[J].中央财经大学学报,2005(5):39-43.

[25]崔慧霞.农村民间金融的内生机制分析[J].统计研究,2006(8):33-36.

[26]党鸿钧.我国民间借贷的法律规制及制度创新[J].重庆科技学院学报社会科学版,2012(4):20-61,64.

[27]道格拉斯·C.诺斯.暴力与社会秩序[M].上海:格致出版社,2013.

[28]丁骋骋,邱瑾.民间借贷利率期限结构之谜[J].财贸经济,2012(10):48-56.

[29]丁俊峰,刘惟煌.民间融资市场与金融制度[J].金融研究,2005(12):161-168.

[30]东航金融,中国金融安全报告课题组.中国金融安全报告(2012)[M].上海:上海财经大学出版社,2012.

[31]董伟.社科院发布2012社会蓝皮书指出:民间借贷潜在风险巨大[J].法制与经济(上旬),2012(2):52-53.

[32]杜莉,高振勇.法经济学释义及其辨析[J].吉林大学社会科学学报,2006(3):59-66.

[33]杜伟,陈安存.我国民间金融的历史回溯[J].金融理论与实践,2011(2):105-108.

[34]杜朝运,林智乐.关于我国金融脆弱的若干分析[J].上海经济研究,2007(7):48-51.

[35]段飞.发展微型金融服务是深化农村金融改革的必然趋势[J].浙江金融,2010(6):47-48.

[36]范建军.我国民间借贷市场风险形成的原因和对策[J].重庆理工大学学报(社会科学),2012(2):1-4,10.

[37]方行.清代前期农村的高利贷资本[J].清史研究,1994(3):11-26.

[38]费孝通.乡土中国生育制度[M].北京:北京大学出版社,1998.

[39] 费孝通. 江村经济. 中国农民的生活[M]. 北京:商务印书馆,2002.

[40] 冯辉. 论"嵌入式监管":金融监管的理念创新及制度应用——以民间借贷的法律监管为例[J]. 政治与法律,2012(8):30-38.

[41] 冯岚,吕金记. 中小企业金融体系不足与民间融资突围路径选择[J]. 上海金融,2012(9):89-91.

[42] 冯仕政. 我国当前的信任危机与社会安全[J]. 中国人民大学学报,2004(2):25-31.

[43] 冯兴元,何广文,赵丙奇,等. 民间金融风险研究[M]. 北京:中国社会科学出版社,2013.

[44] 冯兴元. 中国的乡镇企业融资与内生民间金融组织制度创新——研究结论与改革思路[J]. 中国集体经济,2008(22):5-7.

[45] 冯玉军. 法经济学范式的知识基础研究[J]. 中国人民大学学报,2005(4):130-136.

[46] 福山. 信任——社会道德与繁荣的创造[M]. 呼和浩特:远方出版社,1995.

[47] 高发. 中国民间金融发展研究[J]. 商业研究,2006(2):60-64.

[48] 高晋康. 民间金融法制化的界限与路径选择[J]. 中国法学,2008(4):34-42.

[49] 高晋康. 多管齐下加强我国民间金融监管[N]. 中国社会科学报,2012-10-10(B04).

[50] 高艳. 我国农村非正规金融的绩效分析[J]. 金融研究,2007(12):242-246.

[51] 顾江洪. 信任与经济增长——基于分工和交易的视角[M]. 北京:经济科学出版社,2013.

[52] 郭斌,刘曼路. 民间金融与中小企业发展:对温州的实证分析[J]. 经济研究,2002(10):40-46,95.

[53] 郭晨杉. 民间借贷对正规信贷和金融调控的影响——基于河南的实证分析[J]. 金融理论与实践,2013(5):66-69.

[54] 郭芳,施建表. 疯狂的高利贷浙江地下融资组织化扩张调查[J]. 中国经济周刊,2011(27):27-31.

[55] 郭金龙,于兆吉. 论金融发展理论的演进——从传统比较金融观到金融资源论[J]. 理论界,2006(3):66-68.

[56] 韩宏华,李俊丽. 农户融资行为的实证分析——以山东农村的调查为例[J]. 生产力研究,2007(13):26-27,117.

[57] 何大安. 选择行为的理性与非理性的融合[M]. 上海:上海人民出版社,2005.

[58] 何广文. 从农村居民资金借贷行为看农村金融抑制与金融深化[J]. 中国农村经济,1999(10):42-48.

[59] 何卫江. 浅析我国农村金融深化的政策取向[J]. 上海金融,2006(11):65-67.

[60] 胡军,陈建林. 台湾和温州民间金融组织发展历程的比较分析——以合会为视

角[J].南方金融,2008(8):35-38.

[61]胡琴.我国民间金融立法之反思[J].法学杂志,2010(7):132-134.

[62]胡必亮.关于促进农村民间金融健康发展的几点意见[J].中国经贸导刊,2007(3):45.

[63]胡琼天.论民间融资的法律规制——以浙江省"标会""高利贷"为切入点[J].中国证券期货,2011(6):175-177.

[64]黄涛.历史上的民间借贷及其管制[N].新金融观察,2012-6-4(30).

[65]黄家骅,谢瑞巧.台湾民间金融的发展与演变[J].财贸经济,2003(3):91-94.

[66]黄晓红.农户借贷中的声誉作用机制研究[D].杭州:浙江大学,2009.

[67]贾永梅,胡其柱.乡土社会:以费孝通先生《乡土中国》为参照的解读[J].中国社会科学院研究生院学报,2010(6):96-101.

[68]江曙霞,马理.民间信用的演化模拟、失序控制与渐进式变革[J].财经理论与实践,2004(4):26-31.

[69]江曙霞,马理,张纯威.中国民间信用——社会文化背景分析[M].北京:中国财政经济出版社,2003.

[70]姜旭朝,丁昌锋.民间金融理论分析:范畴、比较与制度变迁[J].金融研究,2004(8):100-111.

[71]姜子叶,杨瑞洁.民间信用的效应分析[J].财贸经济,2002(11):76-80.

[72]蒋永穆,纪志耿.农户借贷过程中信任机制的构建——一种基于完全信息动态博弈模型的分析[J].四川大学学报(哲学社会科学版),2006(1):5-9.

[73]敬志红,陈秋红.我国影子银行风险监管问题研究[J].江西社会科学,2013(9):48-51.

[74]李丹红.农村民间金融发展现状与重点改革政策[J].金融研究,2000(5):118-125.

[75]李富有,周新辉.民间资本规范化发展的路径选择[J].探索与争鸣,2015(1):64-67.

[76]李建军.中国"未观测金融"指标体系的设计与测估[J].数量经济技术经济研究,2010(5):140-152.

[77]李建军.中国未观测信贷规模的变化:1978—2008年[J].金融研究,2010(4):40-49.

[78]李建民.台湾地区的民间金融[J].银行家,2005(5):108-112.

[79]李金铮.内生与延续:近代中国乡村高利贷习俗的重新解读[J].学海,2005(5):124-132.

[80]李立新.论非正规民间融资的正规监管[J].浙江学刊,2013(6):190-196.

[81]李茂平.民间的道德力量[M].北京:中国社会科学出版社,2011.

[82]李奇菲.民间融资法律责任研究[D].杭州:浙江大学,2011.

[83]李若愚.中国式影子银行规模测算与风险评估[J].金融与经济,2013(9):32-36,45.

[84]李文龙,吴迪,苏丽霞.全国人大代表周晓强、杨小平建议:规范民间金融健康发展[N].金融时报,2015-3-3(4).

[85]李晓佳.发展经济体中的合会金融:台湾的经验[J].中国农村观察,2005(2):13-24,30.

[86]李伊琳.总理限时一月遏制跑路潮温州再提金融综改区[N].21世纪经济报道,2011-10-10(2).

[87]李莹,张兴胜.唐代的民间借贷[J].中国金融,2014(10):89-90.

[88]李有星,范俊浩.论非法集资概念的逻辑演进及展望[J].社会科学,2012(10):97-103.

[89]李有星,徐雅婷,李龙政,等.把脉浙江民间融资,引导现代法治金融——"民间融资引导与规范"研讨会综述[J].浙江社会科学,2011(2):151-154,160.

[90]李有星,杨俊,罗栩.民间融资法律责任之完善[J].法制与经济(中旬刊),2011(5):59-61,63.

[91]李元华.共生视角下民间金融研究——基于共生经济视角的机理解释和对策建议[J].经济学动态(4),2012:47-50.

[92]梁国瑞,吴红林.宁海"日日会"揭秘:互助式"标会"如何异化崩盘[N].广州日报,2010-9-15(11).

[93]林秀琴,刘福波.我国农村民间金融存在的问题及对策[J].东北农业大学学报(社会科学版),2010(2):27-29.

[94]林毅夫,孙希芳.信息、非正规金融与中小企业融资[J].经济研究,2005(7):35-44.

[95]林越坚.非法集资与民间借贷的刑民界分[J].财经科学,2013(1):37-47.

[96]刘萍,孙天琦,张韶华.有关美国非吸收存款类放贷人(NDTL)的考察报告[J].西部金融,2008(9):11-17,4.

[97]刘云.台湾金融体系的组织架构[J].中国金融,2004(3):62-64.

[98]刘海应,蒲舟军,王含笑.基于登记制度的民间借贷阳光化路径探析[J].上海金融,2012(6):108-110.

[99]刘民权,徐忠,俞建拖.信贷市场中的非正规金融[J].世界经济,2003(7):61-73.

[100]刘明远.熟人社会、抱团取利与中国民间金融的稳定性发展[J].学术研究,2011(6):79-83,89.

[101]刘沛林,卜华白.金融共生理论及其实际运用价值[J].北京大学学报(哲学社会科学版),2003(4):153-154.

[102]刘少华,张赛萍.民间借贷效应分析与地方政府监管途径选择——以温州"民间借贷危机"为例[J].财经理论与实践,2013(1):11-15.

[103]刘少军.我国民间金融的功能定位与监管体制研究[J].中国政法大学学报,2012(5):45-53,159.

[104]刘文光,吉燕侠,彭日东.鄂尔多斯民间金融调查[J].华北金融,2011(6):20-23,45.

[105]刘湘勤,薛晴.2014.民间金融系统性风险的内生机制及治理策略——基于资源富集地区产业结构与民间金融互动关系的分析[J].金融与经济,2011(12):17-22.

[106]刘长雁.民间融资信息监测体系亟待完善[J].中国金融,2012(6):92.

[107]楼远.非制度信任与非制度金融:对民间金融的一个分析[J].财经论丛,2003(11):49-54.

[108]卢馨,李慧敏.P2P网络借贷的运行模式与风险管控[J].改革,2015(2):60-68.

[109]罗伯特·J.希勒.非理性繁荣[M].北京:中国人民大学出版社,2008.

[110]吕传振.农村社会信任危机下的生长点思考——基于对Y县13个村庄问卷调查的分析[J].理论与改革,2007(2):157-160.

[111]马旭明,杨乐,解莹,等.人际信任、互惠规范、社会网络——温州民间借贷盛行及其社会风险凸显的文化根源[J].辽宁经济管理干部学院学报,2014(3):38-40,54.

[112]马永强.中国农户融资现状与民间借贷偏好分析[J].经济学家,2011(6):28-37.

[113]毛金明.民间融资市场研究——对山西省民间融资的典型调查与分析[J].金融研究,2005(1):146-153.

[114]明伟.金融虚拟性演进过程中的金融脆弱性研究[D].天津:南开大学,2012.

[115]尼古拉斯·麦考罗.经济学与法律——从波斯纳到后现代主义[M].北京:法律出版社,2005.

[116]潘建雷,何雯雯.差序格局、礼与社会人格——再读《乡土中国》[J].中国农业大学学报(社会科学版),2010(3):44-54.

[117]庞英.从统计分析解读民间资本对西部发展的作用[J].统计研究,2004(2):25-29.

[118]蒲祖河.民间投资与产业结构优化升级研究:温州个案分析[J].经济社会体

制比较(双月刊),2008(1):161-165,160.

[119]钱彬雪.民间借贷与民间资金投资——由吴英案引发的思考[J].现代物业, 2012(11):58-59.

[120]邱建新.论"合会"的信任机制[J].江南大学学报(人文社会科学版),2007 (5):46-49.

[121]邱兴隆.民间高利贷的泛刑法分析[J].现代法学,2012(1):112-124.

[122]饶旭鹏.中国农村社会结构演变的历程——从"乡土社会"到"新乡土社会" [J].开发研究,2012(5):134-137.

[123]尚海涛,龚艳.信任视阈下的民间惩罚——以乡土社会为场域[J].四川警察 学院学报,2011(1):45-50.

[124]邵传林.农村非正规金融制度创新与地方政府行为[J].广东金融学院学报, 2011(11):83-92.

[125]沈颢.小钱大用——微型金融方法与案例[M].南昌:二十一世纪出版 社,2012.

[126]史根洪.信任危机:一种社会转型视角的分析[J].湖北社会科学,2009(2): 44-47.

[127]史建平.中国中小企业金融服务发展报告(2012)[M].北京:中国金融出版 社,2012.

[128]宋海林,巴威.对我国金融风险状况的总体监测与政策建议[J].管理世界, 2001(2):131-136.

[129]苏虎超.民间借贷活动与金融犯罪相关问题探析[J].中国刑事法杂志,2011 (6):33-36.

[130]孙晨辉,李富有.民间金融与正规金融的比较优势与均衡发展——基于 Logistic模型的研究[J].大连理工大学学报(社会科学版),2014(1):81-85.

[131]谈萧,胡新建.民间金融的法律评判及规制路径[J].法治研究,2010(6): 57-62.

[131]谈李荣.农村民间金融法律规制的异化、变迁与边界——以"法律与金融"为 视角[J].财经科学,2012(11):12-19.

[133]唐红娟.影子银行体系:功能、脆弱性与监管改革[M].北京:知识产权出版 社,2012.

[134]滕昭君.民间金融法律制度研究[D].北京:中央民族大学,2011.

[135]佟季.对全国法院近五年审理民间借贷案件的数据分析[J].法制资讯,2014 (2):36-39.

[136]童列春.民间金融纠纷解决机制探索[J].中国农村观察,2011(6):58-64,74.

[137]汪承亮.以民为本、公正协调是政府角色定位的基本原则[J].浙江大学学报
（人文社会科学版）,2004(11):15-24.

[138]王刚,李芮佳.我国典当业发展现状、面临挑战与政策建议[J].金融与经济,
2015(1):50-54.

[139]王英,刘波,黄颂文.构建权责明晰的双层金融监管体系[J].中国金融,2013
(20):76-78.

[140]王浡力,李建军.中国影子银行的规模、风险评估与监管对策[J].中央财经大
学学报,2013(5):20-25.

[141]王博含,曾令华,耿中元.我国民间金融对货币政策的影响[J].山西财政税务
专科学校学报,2006(3):16-19.

[142]王从容,李宁.民间融资:合法性、金融监管与制度创新[J].江西社会科学,
2010(3):90-93.

[143]王国红.农村非正规金融的履约机制综述[J].湖北经济学院学报,2007(1):
54-58.

[144]王曙光.村庄信任、关系共同体与农村民间金融演进——兼评胡必亮等著《农
村金融与村庄发展》[J].中国农村观察,2007(4).75-79.

[145]王曙光.金融发展理论[M].北京:中国发展出版社,2010.

[146]王曙光.帮助民间金融走向规范[J].中国金融家,2011(11):82-83.

[147]王新生.习惯性规范研究[M].北京:中国政法大学出版社,2010.

[148]王燕霞.民间融资规范化探析[J].天津法学,2011(3):70-97.

[149]王运慧.我国农村非正规金融的法律规制与对策思考[J].金融理论与实践,
2010(8).73-76.

[150]魏源.中国农村民间借贷市场利率定价模型的经验分析[J].财经问题研究,
2013(10):83-90.

[151]魏悦.先秦时期借贷活动的发展及其演变[J].上海财经大学学报,2004(2):
53-59.

[152]吴锋,赵利屏.信任的危机与重建[J].湖北大学学报(哲学社会科学版)(4):
55-59.

[153]吴少新,王国红.中国农村非正规金融的履约机制与管制政策研究[J].财贸
经济,2007(7):30-34.

[154]肖琼.我国民间金融法律制度研究[D].长沙:中南大学,2012.

[155]肖凤娟.中国投融资体制的历史变迁和当前改革的关键[J].中央财经大学学
报,2012(6):23-28.

[156]谢建社,牛喜霞.乡土中国社会"差序格局"新趋势[J].江西师范大学学报(哲

学社会科学版),2004(1):8-13.

[157]徐健.基于金融共生理论的我国社区银行发展研究[D].苏州:苏州大学,2013.

[158]徐建红.秦汉民间借贷述略[D].长春:吉林大学,2007.

[159]徐军辉.中国式影子银行的发展及其对中小企业融资的影响[J].财经科学,2013(2):11-20.

[160]徐鑫龙.民间融资政府监管制度研究[D].杭州:浙江大学,2011.

[161]许经勇.剖析浙江温州民间借贷危机的多米诺骨牌现象[J].学习论坛,2013(3):41-43.

[162]许莉芸.报告称六成小微企业身负高利贷[N].企业家日报,2014-10-27(9).

[163]闫金山.农村社会中的信任危机及信任重建[J].沈阳大学学报,2007(5):19-22.

[164]阳晓霞.信贷紧缩下需警惕民间融资风险[J].中国金融家,2011(8):71-72.

[165]杨福明.民间金融脆弱性及其治理研究[J].中国流通经济,2014(5):64-70.

[166]杨慧宇.非正规金融中的信任机制分析[J].经济与金融,2007(5):33-35.

[167]杨积堂.论民间借贷中高利贷的危害与法律规制[J].新视野,2012(2):110-113.

[168]杨锡娟.我国民间金融的风险控制研究[D].青岛:中国海洋大学,2010.

[169]姚海放.网络平台借贷的金融法规制路径[J].法学家,2013(5):94-98.

[170]叶茜茜.影响民间金融利率波动因素分析——以温州为例[J].经济学家,2011(5):66-73.

[171]虞群娥,李爱喜.民间金融与中小企业共生性的实证分析——杭州案例[J].金融研究,2007(12):215-222.

[172]袁纯清.共生理论及其对小型经济的应用研究[J].改革,1998(2):101-105.

[173]约翰·伊特韦尔,劳伦斯·E.布卢姆.新帕尔格雷夫经济学大辞典[M].北京:经济科学出版社,1996.

[174]岳彩申.民间借贷的激励性法律规制[J].中国社会科学,2013(10):121-139.

[175]詹姆斯.S.科尔曼.社会理论的基础[M].北京:社会科学文献出版社,2008.

[176]张帆.民间集资监管的制度研究[J].湖南社会科学,2014(2):146-150.

[177]张荔,姜树博,付岱山.金融资源理论与经验研究[M].北京:中国金融出版社,2011.

[178]张宁.试论中国的非正式金融状况及其对主流观点的重大纠正[J].管理世界,2003(3):53-60.

[179]张伟.微型金融理论研究[M].北京:中国金融出版社,2011.

[180]张建伟.法律、民间金融与麦克米伦"融资缺口"治理——中国经验及其法律与金融含义[J].北京大学学报(哲学社会科学版),2013(1):127-141.

[181]张前程,张庆亮.农村非正规金融的市场风险及其监管研究[J].海南金融,2010(8):51-54.

[182]张维迎.信息、信任与法律[M].北京:生活·读书·新知三联书店,2003.

[183]张文君.集群融资:破解欠发达地区中小企业"融资难"[J].江西农业大学学报(社会科学版),2010(9):70-73.

[184]张希慧.我国民间金融发展研究[D].长沙:湖南大学,2009.

[185]张兴亮.中小企业与民间金融机构共生关系的理论分析与优化路径[J].嘉兴学院学报,2012(7):46-52.

[186]张兴胜.史海回眸(一)——唐代封建经济的繁荣与私人高利贷的兴盛[J].银行家,2007(10):133-135.

[187]张学峰.民间金融的实践、风险与规范化发展——"互联网背景下民间金融风险与规范化发展"会议综述[J].嘉兴学院学报,2015(1):117-122.

[188]张友俊,文良旭.交易、契约机制与自律:合水县民间借贷个案研究[J].金融研究,2002(4):125-130.

[189]张玉明.信息、风险、契约与中小企业融资[J].复旦学报(社会科学版),2006(2):54-60.

[190]张元红,张军,李静,等.中国农村民间金融研究[M].北京:社会科学文献出版社,2012.

[191]张运书,潘淑娟.市场失灵与政府失灵:民间金融监管的"马歇尔困局"[J].海南大学学报(人文社会科学版),2014(11):1-7.

[192]张正平,胡夏露.P2P网络借贷:国际发展与中国实践[J].北京工商大学学报(社会科学版),2013(3):87-94.

[193]赵鑫.中国民间金融发展的制度分析与改革设计[D].北京:中国共产党中央委员会党校,2013.

[194]赵莹,雷兴虎.我国商事民间借贷的立法体系建构[J].湖南社会科学,2014(3):72-76.

[195]赵丙奇.基于弱关系的民间借贷声誉形成机制和担保机制研究[J].社会科学战线,2013(10):63-68.

[196]郑也夫.信任论[M].北京:中国广播电视出版社,2001.

[197]中国农业银行战略规划部,中国家庭金融调查与研究中心.中国农村家庭金融发展报告(2014)[M].成都:西南财经大学出版社,2014.

[198]中国人民银行鄂尔多斯市中心支行课题组,彭日东.鄂尔多斯民间金融调查[J].内蒙古金融研究,2011(3):34-41.

[199]中国人民银行广州分行课题组.从民间借贷到民营金融:产业组织与交易规

则[J].金融研究,2002(10):101-109.

[200]中国人民银行调查统计司.金融统计与分析(2012)[M].北京:中国金融出版
社,2012.

[201]钟士取.温州民间利率监测工作的实践与思考[J].财经界学(学术版),2011
(5):39-40.

[202]周松山.温州民间借贷利率变动影响因素及其监测体系重构研究[J].浙江金
融,2011(1):15-20.

[203]朱大旗,张牧君.论民间金融活动的法律规制[J].郑州大学学报(哲学社会科
学版),2014(5):54-58.

后 记

本文完成于 2015 年,选题初衷是针对农村民间金融问题,希望通过跨学科研究找到农村民间金融阳光发展的路径。但由于本人学术水平的限制,只是进行了初步的探讨。

2015 年以后,农村民间金融领域出现了以下一些显著的变化:

一是地方金融管理局的成立,将原先分散的地方金融监管权力进行集中,在一定程度上缓解了多头监管、监管空白等问题,但地方金融管理局仍存在一定地方保护主义,这是未来农村民间金融健康发展的重大隐患。

二是互联网金融监管政策密集出台,对互联网金融违法现象进行打击,促进了互联网金融的稳定健康发展。但是,由于互联网金融治理思路上存在一定的偏差,互联网金融领域存在的问题仍然严峻,典型表现是 P2P 平台和民间财富管理公司的"跑路"和"爆雷"。

三是传统农村民间金融监管仍然不足,如对私人借贷、合会、民间小贷、典当等不能予以有效监管。

笔者认为,民间金融领域所呈现的各种乱象,其根本原因是"母爱主义"泛滥。金融法律治理的"母爱主义"主要表现为对金融违法现象,如地下钱庄、民间套会、P2P、非法理财、股权投资等不能及时进行规制,甚至表现出一定的宽容和纵容。

要促进农村民间金融稳定健康发展,必须摒弃"母爱主义",树立"父爱主义",对各种金融现象严格规制,对金融创新边界进行界定,对金融运行进行严格规范,对金融违法违规行为严格追究责任,促进金融生态优化,引导金融回归本原,切实服务经济增长和社会发展。

农村民间金融的法律治理,本书有所涉及,将后续研究中进行深入探讨。

笔 者

2019 年 5 月 5 日